Silvia Rivera Cusicanqui

Ch'ixinakax utxiwa

AF648632

UNRAST

Silvia Rivera Cusicanqui lebt in La Paz (Bolivien) und arbeitet dort als Soziologin und Dozentin der Universidad Mayor de San Andrés. Sie hat zahlreiche Arbeiten im Bereich Politik und Soziologie veröffentlicht, die meisten von ihnen mit Fokus auf Bolivien. Anfang der 1980er Jahre gründete sie die Gruppe Taller de Historia Oral Andina (THOA), die sich hauptsächlich mit der Geschichte und Kultur des andinen Raums beschäftigt und sich dafür einsetzt, dem gesprochenen Wort (der oralen Geschichte) eine größere Bedeutung zukommen zu lassen. Besonders im universitären Raum sehen die Mitglieder hier großen Nachholbedarf. Des Weiteren macht Cusicanqui darauf aufmerksam, dass auch (geschichtliche) Abbildungen nicht den Stellenwert eingeräumt bekommen, der ihnen zusteht. Zu diesem Thema veröffentlichte sie vor nicht allzu langer Zeit ihr Buch *Sociología de la imagen*. Als Aktivistin arbeitet Rivera Cuiscanqui mit indigenen Gruppen zusammen und orientiert sich unter anderem am Anarchismus und an dekolonialen Praktiken und Theorien.

Silvia Rivera Cusicanqui

Ch'ixinakax utxiwa

Eine Reflexion über Praktiken und Diskurse der Dekolonisierung

Herausgegeben von
Sebastian Garbe, María Cárdenas,
Andrea Sempértegui

UNRAST

Bibliografische Information der Deutschen Bibliothek:
Die Deutsche Bibliothek verzeichnet diese Publikation in der Deutschen Nationalbibliografie; detaillierte bibliografische Daten sind im Internet über http://dnb.ddb.de abrufbar.

Silvia Rivera Cusicanqui
Ch'ixinakax utxiwa
1. Auflage, Oktober 2018
ISBN 978-3-89771-257-7

Copyright der Originalausgabe:
Ch'ixinakax utxiwa. Una reflexión sobre prácticas y discursos descolonizantes,
Tinta Limón Ediciones, Buenos Aires, 2010
© 2010 Silvia Rivera Cusicanqui.

Veröffentlicht in Zusammenarbeit mit
Tinta Limón Ediciones

© UNRAST-Verlag, Münster
www.unrast-verlag.de – kontakt@unrast-verlag.de
Mitglied in der assoziation Linker Verlage (aLiVe)

Umschlag: kv, Berlin
Satz: Andreas Hollender, Köln
Druck: Multiprint, Kostinbrod

Inhalt

Vorwort der Herausgeber*innen zur deutschen Ausgabe

Silvia Rivera Cusicanqui: ein »compromiso vital« als Aktivismus und emanzipatorisches Denken

Obwohl sich mittlerweile auch im deutschen Sprachraum post- und dekoloniale Theorien und Perspektiven in der wissenschaftlichen und gesellschaftlichen Auseinandersetzung etabliert haben und breit rezipiert sowie diskutiert werden, sind zahlreiche Grundlagentexte, vor allem aus *Abya Yala*[1], für deutschsprachige Leser*innen nach wie vor nur schwer zugänglich. Ein weiterer wichtiger Schritt zur Generierung von onto-epistemischen[2] Impulsen aus den Anden für das Denken und Leben im Globalen Norden und zur Dekolonisierung des bislang weiterhin eurozentrischen Wissenskanons stellen die nun erstmalig ins Deutsche übersetzten und hier vorliegenden Texte von Silvia Rivera Cusicanqui[3] dar. Es ist es schwer, das Werk von Rivera Cusicanqui, eine der bedeutendsten radikalen Denker*innen der lateinamerikanischen Gegenwart, bestimmten Kategorien zuzuordnen. Allerdings

---

1 Siehe Glossar ab Seite 137. Für die bessere Leserlichkeit und das komplexere Verständnis nichtdeutscher Begriffe haben wir, in Zusammenarbeit mit den Übersetzer*innen ein Glossar erstellt. Begriffe, die in den Texten von Silvia Rivera Cusicanqui von ihr selbst im Original als Fußnoten eingefügt wurden, haben wir beibehalten und im Glossar ergänzt.

2 Siehe Glossar.

3 Die bisher einzige Übersetzung ins Deutsche ist ein wenig beachtetes Werk von Rivera Cusicanqui: Rivera Cusicanqui, Silvia: *Grundgesetz für die Landwirtschaft der Landarbeiter und Kleinbauern Boliviens*. Kassel: Gesamthochschulbibliothek 1986. Alle im folgenden verwendeten Zitate sind im Original Spanisch (und bis auf wenige Ausnahmen Englisch).

kann ihr Schreiben und Tun gemäß der Idee eines ›verwurzelten Denkens‹, des *pensamiento enraizado*[4], verstanden werden. Diese Verwurzelung zeigt sich darin, wie sich ihr akademisches und politisches Engagement gleichsam durch ihren Lebensweg zieht und von ihrer Herkunft beeinflusst ist. Die Verwobenheit zwischen persönlichen, politischen und akademischen Praktiken prägt auch die hier übersetzen Texte, die im Folgenden durch Rivera Cusicanquis prägendste Lebenserfahrungen, unermüdlichen Aktivismus und radikalpolitische akademische Arbeit eingeleitet werden.

Eine politische Biografie in und für Bolivien

Rivera Cusicanqui wurde 1949 in der bolivianischen Hauptstadt La Paz in eine relativ wohlhabende Familie der Mittelschicht hineingeboren. Als deutlich prägend für ihre Biografie beschreibt Rivera Cusicanqui den Einfluss ihrer engen Beziehung und emotionalen Bindung zu ihrer Aymara[5] Hausangestellten und Kinderfrau Rosa. Die Autorin hielt Rosa bis zu ihrem Tod für ihre tatsächliche Mutter. Im Gegenzug versuchten ihre Eltern, über die Geringschätzung Rosas die emotionale Bindung zwischen ihr und der jungen Rivera Cusicanqui zu durchbrechen, um somit die rassistisch-klassizistische Gesellschaftsordnung in den eigenen vier Wänden wiederherzustellen. Diese für sie unverzeihliche, schmerzhafte Kindheitserinnerung bezeichnet Rivera Cusicanqui als *Aguayo*-Komplex[6]: eine Frau wie eine eigene Mutter zu lieben und von ihr großgezogen zu werden, über die ihr ihre eigene Fa-

4 Zu ›verwurzeltem Denken‹, siehe Glossar.

5 Mit Aymara sowie Quechua/Qhichwa bezeichnen wir im Folgenden sowohl die Bevölkerungsgruppen als auch die Sprache (Anm. d. Übers.)

6 Siehe Glossar.

milie später beibringen wird, sie geringzuschätzen. Bei Rivera Cusicanqui jedoch verfehlte diese Strategie ihr Ziel: Die Autorin erklärt sich selbst zur ewigen Waise dieser Frau, von der sie als Kind getragen wurde und deren Reproduktions- und affektive Arbeit von der mestizischen[7] Elite abgelehnt wurde. Sie distanzierte sich sowohl von den bürgerlichen Erwartungen ihrer Eltern als auch von deren Verachtung gegenüber der indigenen Bevölkerung: »Mein Denken, meine Intuitionen, schulde ich dieser ersten dekolonisierenden Geste meiner inneren Indigenen, die auch gleichzeitig meine erste eigene Erinnerung dekolonisierte: die Unbequemlichkeit und den Schmerz der Erziehung innerhalb einer Familie, die wollte, dass ich eine *señora* werde.«[8]

Die Dekolonisierung des Selbst verhalf ihr letztendlich dazu, ihre Herkunft zu hinterfragen und – angetrieben von Nostalgie und Neugier – ihr spanisches, jüdisches, aber auch das Erbe der Aymara sowie den anarchistischen Aktivismus innerhalb ihrer Familiengeschichte zu entdecken. Es ging ihr jedoch weniger darum, vereinfachte Identifizierungen über genetisches Erbe festzumachen, sondern darum, die Erinnerung als etwas Prozesshaftes anzuerkennen. Cusicanqui zufolge ist die Identifizierung mit der Vergangenheit durch die Gegenwart bestimmt: »Mir ist das mit dem ›Blut‹ egal. Ich hasse dieses Reden über ›Blut‹. Denn ich denke, dass meine Identität durch das Leben in der Gegenwart bestimmt ist.«[9]

---

7 Zum Begriff *Mestizaje*, siehe Glossar.

8 „Señora“ verweist hier auf die von den Eltern gewollte Abgrenzung nach unten, sowohl über Klasse als auch über raza. Gago, Verónica: Entrevista – Orgullosa de ser Mestiza. http://tintalimon.com.ar/libro/CHIXINAKAX-UTXIWA/Silvia-Rivera-Cusicanqui-en-Buenos-Aires (19.07.2018)

9 Gago, Verónica: Silvia Rivera Cusicanqui: Contra el Colonialismo Interno. http://www.revistaanfibia.com/ensayo/contra-el-colonialismo-interno/ (19.07.2018)

Während der blutigen Militärdiktatur unter Hugo Banzer (*Banzerato* 1971–1978) schloss Rivera Cusicanqui ihr Soziologiestudium ab, wobei ihre Masterarbeit nach einer Razzia des Militärs verschollen blieb. Nachdem sie unter der Militärregierung politische Gefangene war, ging sie, schwanger mit ihrer ersten Tochter, ins Exil nach Buenos Aires, Argentinien. Ihre Anstrengungen, in der urbanen Peripherie Forschungsprojekte zu entwickeln, brach sie enttäuscht ab und wandte sich dem andinen, indigen geprägten Norden des Landes sowie ihrer Heimat zu. Anfang der 1980er Jahre gründete sie in Bolivien das *Taller de Historia Oral* – eine Forscher*innengruppe zur mündlich überlieferten Geschichte Boliviens, welche die Themen von Identität und sozialen, populären und indigenen Bewegungen in der Aymararegion behandelt. Dabei sollte die schriftlich fixierte und ausschließende hegemoniale Geschichtsschreibung durch dissidente Erinnerungen herausgefordert und ergänzt werden. Im gleichen Jahrzehnt unterstützte sie zudem aktiv CONAMAQ – eine politische und sozio-kulturelle Organisierung indigener Bewohner*innen (Aymara, Quechua und Uru) des bolivianischen Hochlandes.

Rivera Cusicanquis erste intellektuelle Arbeiten wurden im Laufe dieser Zeit entwickelt – inspiriert von und verpflichtet gegenüber ihrer Zusammenarbeit mit kommunalen, indigenen und anarchistischen Organisationen und Gruppen, Frauengewerkschaften, Hausfrauen und -angestellten, Marktfrauen und Kunsthändler*innen, Köchinnen und Köchen sowie Cocabauern und -bäuerinnen. Seit Beginn dieses Jahrtausends engagiert sie sich zudem in kulturpolitischen, urbanen Kollektiven wie dem *Colectivx Ch'ixi* oder dem *Colectivo 2*, in deren Rahmen mehrere ihrer Bücher und Artikel veröffentlicht wurden. Sie unterrichtet in akademischen und außeruniversitären Kontexten und arbeitet mit selbstorganisierten Gruppen von Kunsthandwerker*innen und Kleinhändler*innen in La Paz zu ökologischen, dekolonialen und feministischen Themen. In diesem Rahmen beteiligt sie sich auch an der Denunziation und Aufklärung von Menschenrechtsverletzungen, der Verteidigung indigener Rechte und an Solidaritätskampagnen mit indigenen Aktivist*innen.

Nachdem im Jahr 2006 Evo Morales mit der Partei *Movimiento al Socialismo* (MAS) erster indigener Präsident Boliviens wurde, fungierte Rivera Cusicanqui zunächst als Regierungsberaterin in Fragen des Coca-Anbaus. Allerdings distanzierte sie sich in den darauffolgenden Jahren angesichts der neokolonialen Praktiken der Regierung vom MAS. Sie kritisierte den fehlenden Bruch mit der hegemonialen politischen Kultur des Landes, die zunehmende Zentralisierung und Stärkung des Staates, die Intensivierung von Modernisierungs- und Entwicklungstendenzen durch naturzerstörende Infrastrukturprojekte, die ethnische und folkloristische Maskierung eines korporativen Kapitalismus durch die Regierung sowie die Fortführung von patriarchalem Autoritarismus, vertikaler Unterwerfung und mangelnder Transparenz.[10] Daher schloss sich Rivera Cusicanqui im Jahr 2011 einer erfolgreichen, heterogenen Protestbewegung aus indigenen Organisationen und Gemeinden, ökologischen, kulturpolitischen, feministischen sowie anarchistischen Gruppierungen an, die den Bau einer Verbindungsstraße durch das TIPNIS-Naturschutzgebiet, ein anerkanntes indigenes Territorium, verhinderten.

---

10 Rivera Cusicanqui, Silvia: *Mito y desarrollo in Bolivia. El giro colonial del gobierno del MAS.* La Paz. Piedra Rota / Plural editores 2014

»Eine Wissenschaft des Lebens« – Das akademische Werk von Silvia Rivera Cusicanqui

In ihrer akademischen Laufbahn war Rivera Cusicanqui jahrzehntelang Professorin für Soziologie an der *Universidad Mayor de San Andrés* (UMSA) in La Paz, von der sie 1993 emeritiert wurde. Im Jahr 1989 erhielt sie das prestigeträchtige Guggenheim-Stipendium im Bereich der ibero- und lateinamerikanischen Geschichte. Sie war zudem Gastprofessorin der *Columbia University* in New York, der *University of Texas* in Austin, der *Universidad de Huelva* in Huelva, der *Facultad Latinoamericana de Ciencias Sociales* (FLACSO) in Jujuy sowie der *Universidad Andina Simón Bolívar* in Quito.

Die Arbeiten und Texte von Rivera Cusicanqui werden häufig im Zuge der zunehmenden Popularisierung von post-, dekolonialer und feministischer Theorie aus Lateinamerika und im Zusammenhang der immer stärker gewordenen Kritik am androzentrischen Eurozentrismus in den Geistes- und Sozialwissenschaften genannt. Jedoch verwehrt sie sich der einfachen und widerspruchslosen Einordnung innerhalb dieser Theorieperspektiven. Wenngleich ihre Arbeiten zwar sehr wohl die politischen Impulse dekolonialer und feministischer Ansprüche vertreten, so sind diese Bezeichnungen doch nicht ausreichend, um ihr Arbeiten zuzuordnen und zu verstehen. In Abgrenzung zu post- und dekolonialer Theorie und eurozentrischen Feminismen postuliert Rivera Cusicanqui die Notwendigkeit, kritische Denk- und Wissenspraktiken aus den heterogenen Kontexten der lateinamerikanischen und indigenen Gesellschaften selbst herauszuentwickeln. Vielmehr als eine alternative Gesellschaftswissenschaft, geht es ihrer Meinung nach darum, eine »Wissenschaft des Lebens« zu entwickeln, die über die oberflächliche und akademisierte Verbindung zwischen

Theorie und Praxis hinausgeht. Im Gegenzug fordert sie uns auf, einen *compromiso vital* – eine Selbstverpflichtung für das Leben[11] – mit unseren Forschungsthemen einzugehen.[12] Dabei geht es ihrer Meinung nach darum, eine Wissenschaft des Lebens zu entwickeln, welche nicht den Geist vom Körper, die Ethik von der Politik und das Handeln vom Denken trennt, sondern es erlaubt, sich der Ausbeutung der Natur, der Menschen und der materiellen Ressourcen entgegenzustellen und sich der totalisierenden Kraft des Staates zu entziehen. Zu diesem Zweck fordert sie, »ein Spielfeld zwischen dem europäischen und dem eigenen Erbe zu erschaffen, in dem es möglich ist, durch Autonomie, ein Denken und einen Gestus wiederherzustellen, welche die koloniale Schizophrenie und *double bind* überwinden«.[13]

Vor diesem Hintergrund ist sie auch eine scharfe Kritikerin von vielen Vertreter*innen post- und dekolonialer Theorie, die sich ihr zufolge kritische Wissensperspektiven aus dem Globalen Süden aneignen, statt diese selbst zu produzieren, und dadurch aufgrund ihrer Verortung innerhalb des Wissenschaftsmarkts des Globalen Nordens symbolisches und kulturelles Kapital anhäufen. Da sie dabei jedoch die alten Hierarchien innerhalb der Wissenschaften reproduzieren, höhlen sie die revolutionären Perspektiven aus dem globalen Süden aus und entledigen sie ihres transformatorischen Potenzials. Dabei würden unverständliche Ne-

11 Für ›*compromiso vital*‹, siehe Glossar.

12 Gago, Verónica: Silvia Rivera Cusicanqui: Contra el Colonialismo Interno. http://www.revistaanfibia.com/ensayo/contra-el-colonialismo-interno/ (19.07.2018)

13 Svampa, Maristella: Entrevista a Silvia Rivera Cusicanqui: La urgente necesidad de descolonizar la investigación social latinoamericana. https://iberoamericasocial.com/entrevista-silvia-rivera-cusicanqui-la-urgente-necesidad-descolonizar-la-investigacion-social-latinoamericana/ (19.07.2018)

ologismen und letztendlich ein neuer akademischer Kanon geschaffen.[14] Der Diskurs der ›Dekolonisierung‹ enthalte dabei zahlreiche modische Schlagwörter, die gleichzeitig alles und nichts aussagen.

So ist zwar das vom peruanischen Soziologen Aníbal Quijano entwickelte Konzept der ›Kolonialität der Macht‹ mittlerweile ein gängiger Begriff, um kapitalistische Machtverhältnisse zwischen Kolonisatoren und Kolonisierten und die auf dieser sozialen Klassifizierung nach ›Rassen‹ (*razas*[15] im Original) basierenden internationalen Arbeitsteilung zu untersuchen.[16] Allerdings bevorzugt Rivera Cusicanqui den von Gonzalo Casanova in den 1960er Jahren geprägten Begriff des ›internen Kolonialismus‹.[17] Neben der Analyse kolonialer Verhältnisse könne sie mit diesem auch historisch-strukturelle sowie sozio-kulturelle und politische Dynamiken betonen. Diese bewusste Präferenz basiere auf der politischen Bedeutung interner Elemente der Kolonisierung, da das Koloniale durch jahrhundertelange Subjektivierungsprozesse in den Menschen internalisiert und eingeschrieben sei. Ohne diese Analyse, die das Persönliche und die internen Widersprüche kolonisierter und kolonisierender Subjekte in den Vordergrund stellt, könne keine verwurzelte dekoloniale Praxis entwickelt werden. Für einen Bruch mit

14 Siehe hierzu vor allem den Essay »Ch'ixinakax utxiwa. Eine Reflexion über Praktiken und Diskurse der Dekolonisierung« in diesem Band.

15 Zu ›Raza‹ siehe Glossar.

16 Siehe: Quijano, Aníbal: *Kolonialität der Macht, Eurozentrismus und Lateinamerika*. Wien/Berlin: Turia + Kant 2014. Zu einer Einführung in das Werk von Quijano siehe: Quintero, Pablo/ Garbe, Sebastian: *Kolonialität der Macht. De/koloniale Konflikte zwischen Theorie und Praxis*. Münster: Unrast Verlag 2013

17 González Casanova, Pablo: Sociedad plural, colonialismo interno y desarrollo. In: *América Latina. Revista del Centro Latinoamericano de Ciencias Sociales* VI (1963) 3. S. 15-32

den internen und innergesellschaftlichen kolonialen Verhältnissen komme es daher darauf an, so Rivera Cusicanqui, eine Dekolonisierung durch konkrete Aktionen, Gesten, letztendlich Praktiken voranzutreiben, anstatt diese nur diskursiv oder theoretisch einzufordern[18]: »Es gibt keinen Dekolonisierungsdiskurs, keine Dekolonisierungstheorie ohne die dazugehörigen Praktiken.«[19] Oder anders ausgedrückt: »Das Postkoloniale ist ein Begehren, das Antikoloniale ein Kampf, das Dekoloniale ein unverschämter Neologismus.«[20]

Ebenso verweigert sich Rivera Cusicanqui der einfachen Zuordnung in hegemoniale feministische Denk- und Wissenstraditionen. Ähnlich wie die langjährige Kritik populärer, kommunitaristischer, anarchistischer, indigener und afrolateinamerikanischer Feminist*innen und Aktivist*innen, die einen homogenisierenden westlichen Feminismus ablehnen[21], formuliert die Autorin eine situierte Kritik patriar-

---

18 Ein ähnliches Argument wurde auch von Encarnación Gutiérrez Rodríguez gegenüber der postkolonialen Theorie vorgebracht: Gutiérrez Rodríguez, Encarnación: Decolonizing Postcolonial Rhetoric. In: Encarnación Gutiérrez Rodríguez, Manuela Boatcă, und Sérgio Costa (Hg.): *Decolonizing European Sociology*. 2. Auflage. London und New York: Routledge 2016. S. 49-70.

19 Siehe »Ch'ixinakax utxiwa. Eine Reflexion über Praktiken und Diskurse der Dekolonisierung«, Seite 39 in diesem Band.

20 Gago, Verónica: Silvia Rivera Cusicanqui: Contra el Colonialismo Interno. http://www.revistaanfibia.com/ensayo/contra-el-colonialismo-interno/ (19.07.2018)

21 Zu nennen wären hier beispielsweise Lorena Cabnal, Maria Galindo und Yuderkys Espinosa. Für weiterführende Literatur siehe beispielsweise: Cabnal, Lorena. Agenda Feminista y Agenda Indígena: Puentes y Desafíos. In Mujeres en Diálogo: *Avanzando hacia la Despatriarcalización en Bolivia, Coordinadora de la Mujer.* La Paz: Editora Presencia SRL 2012. S. 53-61 oder: Espinosa Miñoso, Yuderkys, Gómez Correal, Diana, Ochoa Muñoz Karina (Hg.). *Tejiendo de otro modo: Feminismo, epistemología y apuestas descoloniales en Abya Yala.* Popayán: Editorial Universidad del Cauca 2014.

chaler, rassistischer und kolonialer Strukturen. So kritisiert sie zwar auf der einen Seite die alle Bevölkerungsschichten durchziehenden patriarchalen Gesellschaftsstrukturen als Teil des kolonialen Komplexes in lateinamerikanischen Gesellschaften. Auf der anderen Seite weist sie aber diejenigen feministischen Diskurse und Praktiken zurück, welche aus eurozentrischer Perspektive und mit eurozentrischem Gestus die Unterdrückung ›der Frau‹ als universell und einheitlich ansehen. ›Frau-Sein‹ bekommt vielmehr erst historisch und politisch eine Bedeutung, wenn sie als Teil des internen Kolonialismus gedacht wird.

Ein Beispiel ihrer situierten Kritik patriarchaler, rassistischer und kolonialer Strukturen ist ihre Analyse der Rolle indigener Frauen bei der Verteidigung von indigenem Land und Territorium. Rivera Cusicanqui hebt deren wichtige Rolle bei territorialen Kämpfen und politischen Veränderungsprozessen hervor, die aber sowohl von feministischen Aktivist*innen als auch von männlich dominierten indigenen Bewegungen unsichtbar gemacht werden.[22] So betont Rivera Cusicanqui beispielsweise die Bedeutung der Pflege- und Fürsorgearbeit von indigenen Frauen für den politischen Kampf ebenso wie für die Repolitisierung im und vom alltäglichen Leben: Die Pflege- und Fürsorgearbeit, traditionell den Frauen vorenthalten, geht schließlich über ein eurozentrisches Verständnis von Reproduktionsarbeit hinaus und schließt auch die Fürsorge gegenüber der Erde, dem Wasser oder der kommunalen Selbstorganisation ein.[23] Diese Rolle indigener Frauen, die sich auf ihren Lebenspraktiken und af-

---

22 Siehe »Der Begriff der ›Rechte‹ und die Widersprüche der postkolonialen Moderne. Pueblos Indígenas und Frauen in Bolivien« in diesem Band.

23 Tzul Tzul, Gladys. *Gobierno Comunal Indígena y Estado Guatelmalteco. Algunas claves críticas para comprender su tensa relación.* Guatebala: Instituto Amaq' / edicionesbizarras 2018

fektiven Pflege- und Fürsorgebeziehungen zu Menschen und zur *Pacha Mama*[24] gründet, betrachtet die Autorin als einen zentralen und kontinuierlichen Beitrag ihrer politischen Arbeit inner- und außerhalb ihrer Organisationen.

An dieser Selbstpositionierung gegenüber post- und dekolonialer Theorie und (eurozentrischen) Feminismen zeigt sich ihr kritisches Denken, das vor allem einen politischen Einsatz einfordert und lebt. Obwohl im Zentrum dieses Einsatzes ein dekolonisierender Impetus steht, lehnt Rivera Cusicanqui wissenschaftliche Fortschritte, die mehrheitlich im Globalen Norden entwickelt werden, als eine politische Ressource nicht grundsätzlich ab. So ist für sie bei »Themen wie dem Klimawandel, der Naturzerstörung oder der Repression der indigenen Bevölkerungen«, »eine Arbeit der Liebe genauso dringlich wie die exakten Kenntnisse, die uns die wissenschaftlichen Fortschritte unserer Zeitgenoss*innen zur Verfügung stellen«.[25] Eurozentrisches und indigenes Denken zu kombinieren, ist für Rivera Cusicanqui zwar ein Widerspruch, aber keiner, der nach einer Auflösung oder Synthese sucht. Sie lehnt sich daher an den Vorschlag des portugiesischen Soziologen Boaventura de Sousa Santos an, eine »Ökologie des Wissens«[26] zu betreiben. Der im europäischen Denken – von Aristoteles bis zur dialektischen Methode im Marxismus – dominierenden binären Logik stellt sie die Philosophie der Aymara sowie deren Verständnis des inkludierten Dritten und einer ternären Logik gegenüber: »In der Grammatik der Aymara«, so Rivera Cusicanqui, »kannst du sagen, dass etwas ist, und du kannst sagen, dass

24 Zum Begriff ›Pacha Mama‹, siehe Glossar.

25 Rivera Cusicanqui, Silvia: Del MNR a Evo Morales: disyunciones del Estado colonial. http://www.soldepando.com/silvia-rivera/ (19.07.2018)

26 Sousa Santos, Boaventura de: *Epistemologien des Südens. Gegen die Hegemonie des westlichen Denkens.* Münster: Unrast Verlag 2018.

etwas nicht ist. Du kannst aber auch sagen, dass etwas gleichzeitig ist und nicht ist. *Jisa* heißt ja, *jani* heißt nein, und *inasa* kann sowohl ja als auch nein bedeuten.«[27]

Darauf aufbauend lässt sich das von Rivera Cusicanqui postulierte Konzept des *Ch'ixi*, als die Anwesenheit und widersprüchliche Ko-Existenz zweier Komponenten, die sich vermischen, ohne sich dabei aufzulösen, verstehen. Dieses Konzept artikuliert sie im Dialog mit der Philosophie der Aymara als auch mit den Arbeiten des bolivianischen Soziologen René Zavaleta und seiner Theoretisierung einer »gescheckten Sozialformation«[28]. Ch'ixi ist schwarz und weiß, aber deswegen nicht grau. Es ist das Zusammenspiel von Farbtönen, die sich überlappen, ohne sich dabei aufzulösen oder eine neue Farbe zu bilden, sondern die ihre eigene Note behalten. Die Idee des Ch'ixi grenzt sich also bewusst von dem postkolonialen Konzept der Hybridisierung und biologistischen Metaphern ab und erlaubt uns, die widersprüchliche und unaufhörliche Kombination mehrerer Einflüsse zu denken, ohne diese dabei aufzulösen.

Rivera Cusicanquis Denken und Schaffen kann somit selbst als Ch'ixi beschrieben werden, da sie sowohl mit kritischen europäischen Denktraditionen als auch mit den andinen Philosophien und Kosmologien der Aymara und Quechua in Dialog tritt, ohne die Widersprüche aufheben zu wollen. Die Rechte und Verteidigung der Pacha Mama kommen bei Rivera Cusicanqui ebenso zur Sprache wie die Notwendigkeit basisgewerkschaftlicher Organisation und

---

27 Weinberg, Bill: Indigenous Anarchist Critique of Bolivia's ›Indigenous State‹: Interview with Silvia Rivera Cusicanqui. http://upsidedownworld.org/archives/bolivia/indigenous-anarchist-critique-of-bolivias-indigenous-state-interview-with-silvia-rivera-cusicanqui/ (19.07.2018)

28 Zavaleta Mercado, René: *Lo nacional-popular en Bolivia*. Mexiko Stadt: Siglo XXI 1986

Arbeiter*innenrechte. Ihr bedingungsloses Eintreten für Demokratisierung und Menschenrechte konterkariert sie mit anarchistischen Forderungen nach Selbstverwaltung und mikropolitischer Autonomie. Die Betonung ihrer eigenen Spiritualität erlaubt es ihr zudem, eine radikale Kritik an den naturzerstörenden Tendenzen des globalen Kapitalismus zu artikulieren. Und schließlich sind für ihr Geschichtsverständnis die Chroniken von Waman Puma ebenso notwendig wie die gegenwärtigen indigenen Kämpfe um Autonomie und Territorium, um kritisches Denken und dekoloniale Praxis in Abya Yala und im Globalen Norden zu inspirieren.

Zum Buch

In den hier versammelten vier Essays (die ersten drei von ihnen 2010 zum ersten mal auf Spanisch in einem Band veröffentlicht), entwickelt Rivera Cusicanqui eine radikal dekoloniale Perspektive auf die bolivianische und lateinamerikanische Gesellschaft.

Im ersten Essay »El otro bicentenario« (Das andere zweihundertjährige Jubiläum) schließt sie ausgehend von den gewaltsamen Konflikten zwischen 2000 und 2005 auf die indigenen Aufstände von 1781, die sie, dem indigenen, spiralförmigen Zeitverständnis folgend, miteinander verbindet. Geschichte wird hier als etwas Nicht-Lineares und im Sinne eines kollektiven und dynamischen Gedächtnisses verstanden. Diese Dynamik von Geschichte und Erinnerung zeigt sie am Beispiel der Spitze des Berges Killi-Killi in La Paz, Bolivien: Während die Bergspitze heute eine Aussichtsplattform beherbergt und so eine kapitalistisch-touristische Erzählung in den Mittelpunkt stellt, wird die Geschichte der Gewalt der Spanier gegenüber den indigenen Aufständen, die hier stattfanden, verdeckt und deren Erinnerung erschwert.

Auf eine ähnliche Art und Weise werden Erfahrungen von Gewalt und Armut individualisiert, aber die ständige Wiederholung von struktureller, fragmentierender Gewalt in Vergangenheit und Gegenwart verdunkelt. Jedoch können diese Mechanismen die Erinnerung nicht gänzlich verhindern: So wird der Berg Killi-Killi zwar touristisch ausgebeutet und dadurch seiner historischen Bedeutung enthoben, aber er bleibt auch weiterhin als Symbol der Gewalterfahrung sowie der widerständigen Erinnerung bestehen.

Im zweiten Essay entwickelt sie aufbauend auf den Zeichnungen des Chronisten Waman Puma de Ayala aus dem 17. Jahrhundert ihren methodologischen Vorschlag einer Soziologie des Bildes. Hier übt sie zunächst eine Kritik an der Kolonisierung und an der darauffolgenden Dominanzkultur, die das geschriebene Wort als Hauptinstrument zur Vermittlung und Verstetigung von Wissen in den Vordergrund und alternative Vermittlungsformen wie das Bild in den Hintergrund stellt. Demgegenüber macht Rivera Cusicanqui deutlich, wie das Aufzwingen der Kolonial- und der Schreibsprache mehr zum Unverständnis als zur Erkenntnis der eigenen Geschichtlichkeit beitrug: »Im Kolonialismus haben Wörter eine ganz besondere Funktion: sie benennen nicht, sondern sie verschleiern.«[29] Anstatt bestimmte Zustände aufzuzeigen, verhindert die eurozentrische Dominanz des geschriebenen Wortes die Artikulation von Ungleichheit und gleichsam die Teilhabe an Geschichtsschreibung: »Die öffentlichen Diskurse verwandeln sich in Arten des Nichtsagens.«[30] Diese Diskurse, die das Sprechen über allgegenwärtigen Rassismus unmöglich machen, verhindern es jedoch nicht, dass diese gesellschaftlichen Konflikte dennoch

---

29 Siehe Seite 28 im Vorwort von »Ch'ixinakax utxiwa«.

30 Siehe Seite 42 in »Soziologie des Bildes. Eine Vision der Kolonialgeschichte des Andengebietes«

an die Oberfläche stoßen und von Zeit zu Zeit explodieren. Hierin liege das Potenzial bildlicher Sprache. Mit ihrem Vorschlag einer Soziologie des Bildes erlaubt Rivera Cusicanqui es, bislang nicht anerkannte Artikulationsformen aus der Vergangenheit und Gegenwart sichtbar zu machen. Die visuellen Register veranschaulichen Gegenerzählungen der kolonialen Erfahrung und ermöglichen eine Neuschreibung der Geschichte und eine Neuausrichtung der Wissensproduktion in der Gegenwart.

Im dritten Text setzt sich Rivera Cusicanqui mit der Geschichte der vermeintlichen Inklusion indigener Gemeinschaften in den modernen/kolonialen Staat auseinander und übt eine Kritik an dessen multikulturellen Politiken. Multikulturalismus schreibt dabei das Indigene als etwas Symbolisches und Emblematisches fest und fesselt es am Rande der Nation, anstatt eine wirkliche integrative Gesellschaft zu schaffen. Sie kritisiert aber auch de- und postkoloniale Theorien aus Lateinamerika, die ihrer Meinung nach ebenso von elitären Strukturen durchzogen seien. Dadurch spiegeln diese nicht nur den internen Kolonialismus wider, sondern seien auch unfähig, von der Theorie in eine dekoloniale Praxis überzuleiten. So würden auch weiterhin viele dekoloniale Wissenschaftler*innen zu den hegemonialen Institutionen der Wissensproduktion aufschauen, um sich zu legitimieren und Indigene und *Afrodescendientes*[31] und deren Wissen für die wissenschaftliche Reputation ausbeuten. Insofern sei dekoloniales Arbeiten häufig eher ein akademisches Modewort als ein Indikator für transformatorische und emanzipatorische Wissenschaft. Auf den letzten Seiten umreißt die Autorin schließlich das Konzept des Ch'ixi, das, verein-

31 Siehe Glossar.

facht gesprochen, die Anwesenheit zweier Komponenten beschreibt, die sich vermischen, ohne sich dabei aufzulösen.

Ergänzt wird das Buch durch Rivera Cusicanquis umfangreichen und bislang in Deutschland ebenfalls unveröffentlichten Artikel »Der Begriff der ›Rechte‹ und die Widersprüche der postkolonialen Moderne. Pueblos Indígenas[32] und Frauen in Bolivien«. Die Autorin nimmt uns mit auf eine Reise in Boliviens Rechtsgeschichte, um die Rechte der *Pueblos Indígenas* und Frauen in ihrer Multiplizität kritisch zu untersuchen. Sie beginnt ihren Aufsatz mit einer Analyse der patriarchalen und kolonialen Ursprünge der Menschenrechte in der Renaissance und der Aufklärung, die von den bolivianischen Gesetzgebern im 19. Jahrhundert übernommen wurden. Der Menschenrechtsdiskurs habe die Patriarchalisierung indigener Gesellschaften vertieft und präge die männliche Dominanz in der Ausarbeitung ihrer politischen Agenda bis heute. Diese männliche Durchsetzung indigener Rechte, die sich heutzutage auf indigene Autonomie und territoriale Rechte konzentrieren, habe der Autorin zufolge jedoch indigene Organisationen daran gehindert, geschlechtsspezifische Unterdrückung in den städtischen Räumen zu bekämpfen: »Solange Migrantinnen, die unter entwürdigten Bedingungen in der städtischen Mittelklasse arbeiten, vonseiten der indigenen Organisationen nicht als Angehörige ihrer Gemeinden bzw. *Pueblos Indígenas* anerkannt werden, wird ihr eigener Rechtsbegriff gleichsam beschränkt und fragmentiert bleiben«.[33]

Rivera Cusicanquis sorgfältige Behandlung und Analyse alternativer Geschichts- und Zeitverständnisse, bildlicher Sprache, Philosophie der Aymara und indigener Politiken

32 Siehe Glossar.

33 Siehe Seite 135 in »Der Begriff der ›Rechte‹ und die Widersprüche der postkolonialen Moderne«

machen aus den hier übersetzten Texten einen wichtigen und notwendigen Beitrag zum kritischen Denken, das eine ständige Dialektik ohne vorhersehbare Ergebnisse oder Synthese anstrebt und zur dekolonialen Praxis anregt. Von der Soziologie des Bildes bis zur Ch'ixi fordert das Denken der Autorin hegemoniale Diskurse heraus, die immer noch in künstlichen Binarismen und homogenen Verständnissen des Politischen und des Nationalstaates gefangen sind. Ihr verwurzeltes Denken, das eine lineare Einordnung der Geschichte und die Auflösung der Widersprüche unserer Lebensrealität zu überwinden versucht, beinhaltet dadurch enormes emanzipatives Potenzial. Obwohl ihre Reflexion sich meist auf Boliviens Geschichte beschränkt, können deutschsprachige Leser*innen inspirierende Denkimpulse in Rivera Cusicanquis radikaler Kritik an den eurozentrischen Grenzen der Erkenntnis finden. Dies kann helfen, um auch in Deutschland politische Strategien zu entwickeln, die dem Zuwachs an Misogynie, Rassismus und Rechtspopulismus in Europa und im Globalen Norden entgegentreten.

Literatur

Cabnal, Lorena. Agenda Feminista y Agenda Indígena: Puentes y Desafíos. In Mujeres en Diálogo: *Avanzando hacia la Despatriarcalización en Bolivia, Cordinadora de la Mujer*. La Paz: Editora Presencia SRL 2012. S. 53-61

Dussel, Enrique: *Der Gegendiskurs der Moderne. Kölner Vorlesungen.* Wien: Turia + Kant 2013

Espinosa Miñoso, Yuderkys, Gómez Correal, Diana, Ochoa Muñoz Karina (Hrg.). Tejiendo de otro modo: Feminismo, epistemología y apuestas descoloniales en Abya Yala. Popayán: Editorial Universidad del Cauca 2014

Gago, Verónica: Entrevista – Orgullosa de ser Mestiza. http://tinta-limon.com.ar/libro/CHIXINAKAX-UTXIWA/Silvia-Rivera-Cusicanqui-en-Buenos-Aires (19.07.2018)

Gago, Verónica: Silvia Rivera Cusicanqui: Contra el Colonialismo Interno. http://www.revistaanfibia.com/ensayo/contra-el-colonialismo-interno/ (19.07.2018)

González Casanova, Pablo: Sociedad plural, colonialismo interno y desarrollo. In: *América Latina. Revista del Centro Latinoamericano de Ciencias Sociales* VI (1963) 3. S. 15-32

Gutiérrez Rodríguez, Encarnación: Decolonizing Postcolonial Rhetoric. In: Encarnación Gutiérrez Rodríguez, Manuela Boatcă, und Sérgio Costa (Hg.): *Decolonizing European Sociology*. 2. Auflage. London und New York: Routledge 2016. S. 49-70

Quijano, Aníbal: *Kolonialität der Macht, Eurozentrismus und Lateinamerika*. Wien/Berlin: Turia + Kant 2014

Quintero, Pablo/Garbe, Sebastian: *Kolonialität der Macht. De/koloniale Konflikte zwischen Theorie und Praxis*. Münster: Unrast Verlag 2013

Rivera Cusicanqui, Silvia: *Oprimidos pero no vencidos. luchas del campesinado aymara y qhechwa de Bolivia, 1900–1980*. Genf: United Nations Research Institute for Social Development 1986

Rivera Cusicanqui, Silvia: *Grundgesetz für die Landwirtschaft der Landarbeiter und Kleinbauern Boliviens*. Kassel: Gesamthochschulbibliothek 1986

Rivera Cusicanqui, Silvia: The Notion of »Rights« and the Paradoxes of Postcolonial Modernity. Indigenous Peoples and Women in Bolivia. In: *Qui Parle* 18 (2010) 2. S. 29-54

Rivera Cusicanqui, Silvia: Del MNR a Evo Morales: disyunciones del Estado colonial. http://www.soldepando.com/silvia-rivera/ (19.07.2018)

Rivera Cusicanqui, Silvia: *Mito y desarrollo in Bolivia. El giro colonial del gobierno del MAS*. La Paz: Piedra Rota / Plural editores 2014

Sousa Santos, Boaventura de: *Epistemologien des Südens. Gegen die Hegemonie des westlichen Denkens*. Münster: Unrast Verlag 2018

Svampa, Maristella: Entrevista a Silvia Rivera Cusicanqui: La urgente necesidad de descolonizar la investigación social latinoamericana. https://iberoamericasocial.com/entrevista-silvia-rivera-cusicanqui-la-urgente-necesidad-descolonizar-la-investigacion-social-latinoamericana/ (19.07.2018)

Tzul Tzul, Gladys. *Gobierno Comunal Indígena y Estado Guatelmalteco. Algunas claves críticas para comprender su tensa relación.* Guatemala: Instituto Amaq' / edicionesbizarras 2018

Weinberg, Bill: Indigenous Anarchist Critique of Bolivia's ›Indigenous State‹: Interview with Silvia Rivera Cusicanqui. http://upsidedownworld.org/archives/bolivia/indigenous-anarchist-critique-of-bolivias-indigenous-state-interview-with-silvia-rivera-cusicanqui/ (19.07.2018)

Zavaleta Mercado, René: *Lo nacional-popular en Bolivia*. Mexiko Stadt: Siglo XXI 1986

Ch'ixinakax utxiwa

Eine Reflexion über Praktiken und Diskurse der Dekolonisierung

übersetzt von Silke Steiml

Über die Autorin

Vorwort der Originalausgabe

Silvia Rivera Cusicanqui lebt in La Paz und ist Soziologin und Dozentin an der Universidad Mayor de San Andrés. Sie veröffentlichte zahlreiche Werke über die Politik- und Sozialgeschichte Boliviens, darunter *Oprimidos pero no vencidos, Las fronteras de la coca* sowie *Ser mujer indígena, chola o birlocha en la Bolivia postcolonial de los años 90*. Anfang der 1980er Jahre gründete sie das THOA (eine Forscher*innengruppe zur mündlich überlieferten Geschichte Boliviens) und unterstützte den Verlag Aruwiyiri. Zurzeit bringt sie mit der Forschungsgruppe El Colectivo eine »saisonale, alternative und provokante« Zeitschrift heraus.

Seit geraumer Zeit etabliert Silvia eine innovative Methode der historischen Analyse: die *Soziologie des Bildes*. Bilder haben das Potenzial, ein kritisches Narrativ zu erzeugen und so die verschiedenen Formen des zeitgenössischen Kolonialismus zu entlarven. Im Kontext eines historischen Prozesses, der das Schriftliche als weitaus wertvoller einstufte als das Bildliche visueller Kulturen, sind Bilder im Gegenteil zu Worten dasjenige Instrument, das versperrte und vergessene Erfahrungen besser einfangen kann.

»Im Kolonialismus haben Wörter eine ganz besondere Funktion: sie benennen nicht, sondern sie verschleiern.« Daher kann Dekolonisierung nicht lediglich aus Gedanken oder Rhetorik bestehen, denn Worte und Praktiken sind für gewöhnlich zwei verschiedene Dinge. Es ist möglich, sich gegen Rassismus auszusprechen, davon aber unbewusst in den Handlungen beeinflusst zu werden. Wie können sonst die kollektiven rassistischen Ausbrüche in Cochabamba und

Sucre 2007 und 2008[34] erklärt werden? Diese Fragen stellt sich Silvia in ihrer Forschung.

Gleichzeitig erlaubt die Bildaufzeichnung es, jetzt und für alle Zeit festzuhalten, wie der Kolonialismus bekämpft, subversiert und lächerlich gemacht wird. So können die Zeichnungen eines Chronisten des 17. Jahrhunderts (Teil dieses Buches) als wahrhaftige Rückblenden interpretiert werden, mit denen aus einem neuen Blickwinkel der Gegenwart heraus die Vergangenheit umgedacht werden kann. Und umgekehrt: Da diese frühen Bilder nicht der offiziellen historischen Ordnung angehören, wird es möglich, die angebliche Objektivität der Gegenwart anzugreifen. Diese Vorgehensweise der visuellen Problematisierung ist demnach doppelt brisant: Einerseits dokumentiert sie eine lebendige Geschichte, die konstant Gefahr läuft, unterbrochen zu werden und einem Machtspiel ausgeliefert ist, das sie aktualisiert. Andererseits verbindet sie uns mit den visuellen Kulturen als Kräfte der Interpretation und Entmystifizierung sowie Kontrapunkt zu den schriftlichen Kulturen.

Was sonst sind heutzutage unsere Städte, wenn nicht ein Glücksfall aus Bildern im Überfluss, eine visuelle Überschwemmung, eine Promiskuität an Szenen, Zeichen und Situationen?

Das zeitgenössische urbane Leben in La Paz oder Buenos Aires führt uns direkt zu einem weiteren Anliegen Silvias: die Art und Weise, in der das Mestizische oder *ch'ixi* von einer Realität berichtet, in der »mehrere kulturelle Unterschiede parallel koexistieren, nicht verschmelzen, sondern sich ge-

---

34 »Organisierte Gruppen, die Gewalt gegen indigene Menschen und Bäuer*innen planten und durchführten, traten im öffentlichen Raum auf und benutzten rassistische Phrasen wie ›verdammte Indianer‹.« (https://www.newstatesman.com/south-america/2008/06/bolivia-violence-indigenous) (Anm. d. Übers.)

genüberstehen oder sich ergänzen«. Eine Mischung, der es nicht an Konfliktpotenzial mangelt, da »jeder Unterschied sich selbst aus der Tiefe der Vergangenheit reproduziert und mit anderen auf ansteckende Art und Weise in Beziehung gebracht wird«.

Mitten in der Vorbereitung der Feierlichkeiten für ›Das andere zweihundertjährige Jubiläum‹ auf unserem Kontinent darf das Indigene nicht auf das Archaische reduziert und das Ursprüngliche nicht in ein weiteres Stereotyp verwandelt werden. Das gegenwärtige Leben in unseren diversen Städten lässt sich nicht denken ohne die Gesamtheit territorialer Bewegungen, die jegliche Art von Grenzen überschreiten (bezogen auf Länder, Berufe, Gewohnheiten, Sprachen, Speisen etc.). Genau in diesem unaufhörlichen Kommen und Gehen konstituieren sich die Handlungen unseres täglichen Lebens.

Die indigene Identität darf also weder als zu starr formuliert werden, noch im fiktiven Diskurs der Hybridisierung untergeordnet werden. Das *ch'ixi* dient als Alternative zu derartigen Positionen, vereint Gegensätze, ohne das eine dem anderen unterzuordnen; so können konkrete Unterschiede weiterbestehen, ohne sich scheinbar unproblematisch zu vermengen. Das *ch'ixi* stellt so ein mächtiges Bild dar, um sich eine Koexistenz von heterogenen Elementen vorzustellen, die weder eine Fusion anstreben, noch einen neuen, allumfassenden Begriff hervorbringen wollen.

Mit dieser Gemeinschaftsveröffentlichung der Verlage Editorial Retazos und Tinta Limón möchten wir die oben genannten Ausarbeitungen mit den hier gelebten Realitäten verknüpfen. So entstehen komplexe wie auch spezifische Situationen, wie zum Beispiel eine vor Gericht legitimierte Ausbeutung durch Akkordarbeit in illegalen Textilwerkstätten. Andererseits möchten wir auch diese Lesart anfechten, ausgehend von den Erfahrungen neuer Gebietserschließungen, in deren Zuge sich kollektives Handeln neu erfindet. Gebiete, in denen die Formen der Gemeinschaft und die autonome politische Organisierung auf andere Art verhandelt werden. Diese Voraussetzungen erlauben es uns, hier und jetzt die Frage nach den Praktiken der Dekolonisierung erneut zu stellen.

Juni 2010

Das andere zweihundertjährige Jubiläum

Der Aufstand von Tupaq Katari im Jahr 1781 war Teil einer Anhäufung von massiven Mobilisierungen im Andenraum; eine Antwort auf die seit Mitte des Jahrhunderts implementierte Politik der Bourbonen, die die Kontrolle der spanischen Krone über die koloniale Wirtschafts- und Sozialordnung verstärken sollte. Was in Spanien eine Reihe progressiver Reformen im merkantilistisch-kapitalistischen Sinne bedeutete, verwandelte sich in den Anden zu einem Kolonialmerkantilismus, bei dem die *Corregidores* (regionale Gouverneure) vom Festland zwangsweise Aneignungen von Überschüssen und die Kontrolle von Handelskreisläufen vornahmen. Diese Handelskreisläufe, neue Formen der Warenansammlung in indigener Hand, waren bereits seit dem 16. Jahrhundert zusammengefasst unter dem Namen *Trajín*, geschäftiges Treiben, aufgetreten und seitdem beständig angewachsen. Im achtzehnten Jahrhundert war der Markt Schauplatz kolonialer Zwangsformen, die die *Indios*[35] dazu zwang, überteuerte und überflüssige Waren *(Repartos)* zu erwerben und sich so zu verschulden. Dieser Vorgang war ab 1750 legal. Die Historiografie der Andenaufstände sieht die Repartos als wichtigste strukturelle Begründung für die kollektive Unzufriedenheit, die schließlich ihren Höhepunkt fanden im großen Aufstand von 1781 und der Belagerung von La Paz von März bis Oktober, angeführt von Julián Apaza/Tupaq Katari und seinem Generalstab aus indigenen Autoritäten.

---

35 Zu einer kritischen Erläuterung des Begriffs und Verwendung in diesem Buch, siehe Glossar.

Wenn wir den Aufstand Kataris aus der Gegenwart betrachten, werden Parallelen sichtbar zu den Aufständen und Straßenblockaden der Jahre 2000 bis 2005 mit Zentrum in El Alto – wo sich auch ein Hauptquartier der Rebellentruppen im Jahr 1781 befand. Die Geschehnisse der letzten Jahre rufen eine Umkehrung der historischen Zeit hervor, den Aufstand einer Vergangenheit und einer Zukunft, der entweder mit einer Katastrophe oder einer Neugestaltung endet. Die Niederlage der Indios 1781 etablierte mächtige Symbole einer Herrschaft – sei es durch die Malerei, das Theater oder mündliche Überlieferung. In den Jahren 2003 bis 2005 verwandelt sich diese Niederlage in einen Sieg der Aufständischen. In diesen wahnhaften Momenten kollektiver Handlungen findet ein Wandel des Bewusstseins statt, der Identitäten und des Wissens sowie ein Wandel der politischen Entwicklung. Die Chroniken der Gegenwart sowie die Historiografie des 18. Jahrhunderts unterschätzten und vereinfachten die Politik der Gemeinschaften, verbanden sie mit Exzessen und den Versprechen einer Handvoll *Caudillos*.[36] Interne Prozesse der Politisierung des täglichen Lebens während einer Revolte wurden entsprechend nicht beachtet. Die Historiografie von Tupaq Kataris Aufstand beschäftigt sich für gewöhnlich mit der Begründung des Radikalen und der kollektiven Gewalt, die den Aufstand charakterisiert. Der Ausgangspunkt ist dabei eine Reihe von essenzialistischen Attributen, wie ›ungezähmt‹, ›wild‹ und ›irrational‹, die sich auf den Charakter der Indios, speziell der Aymara, beziehen.

Ebenso widersprüchliche Interpretationen des Aufstandes und seiner Prozesse finden sich in den Museen und touristischen Gegenden von La Paz. Im *Museo Costumbrista* im

36 Siehe *Caudillo* im Glossar.

Park Riosiño ist ein Figurenensemble über die Vierteilung von Tupaq Katari ausgestellt. Diese Szene taucht auch im Theater auf: 1786 – fünf Jahre nach den Geschehnissen – wurde der blutige Sachverhalt in Form eines Lehrstücks für die Unterschicht aufgeführt (Soria 1980). Die Gipsfiguren im *Museo Costumbrista* folgen der Tradition der *Alasitas*[37], zeigen aber Katari genau im Moment der Vierteilung. Diese Szene reflektiert die Einsamkeit des indigenen Körpers, getrennt von seiner Gemeinschaft, an vier Pferde gebunden, umgeben von seinen Henkern. Allerdings dürfte das Bild wohl verschiedene Betrachtungsweisen hervorrufen: für die einen ist es ein blutrünstiger Indio, der bekommt, was er verdient hat; für die anderen ein zerstückelter Körper, der sich eines Tages wieder zusammensetzen und dabei einen neuen Geschichtszyklus einläuten wird.

Im Museum der Casa Murillo, auf der Straße Jaén, wird ein Bild von Florentino Olivares ausgestellt, gemalt im 19. Jahrhundert; die Kopie eines gegen Ende des 18. Jahrhunderts verloren gegangenen Gemäldes. Das Bild zeigt die Belagerung einer militarisierten Stadt durch Aymara. Am Horizont werden die Schatten Tausender Menschen sichtbar, die dem Aufmarsch der Kavallerie und der bewaffneten Truppen entgegentreten. Doch gewisse Details – z.B. die Erhängten auf beiden Seiten – verstärken den Eindruck eines dramatischen Vernichtungskampfes. Der urbane Terror wird zum Lynchmord. Die Stadt scheint sich hartnäckig gegen diese bedrohliche Erinnerung zu wehren: Gestern noch wimmelte es von Indios, die von den Hügeln aus die Landschaft kontrollierten und dominierten, die den Stadtkessel von El Alto und dem Berg Killi-Killi aus überrannten. Heute stehen dort entwurzelte Diebe und Migranten, die von den

37 Siehe Glossar.

Grenzen der Gesellschaft aus selbige mit individualisierten Gewaltakten bedrohen.

Die Anhöhe der Stadt, auf der nach der Vierteilung der Kopf Kataris ausgestellt wurde, ist heute ein touristischer Aussichtspunkt mit großartigem Blick über die Stadt. Jeden 14. November versammeln sich an diesem ›Erinnerungsort‹ *Ayllus*[38] und Aymara-Communities, indianistische politische Bewegungen sowie Ritualspezialist*innen, die dazu aufzurufen, den Kampf fortzuführen, und die Wiederzusammensetzung des politisch fragmentierten Körpers der indigenen Gesellschaft heraufbeschwören.[39]

Diese kontroversen Sichtweisen der Geschichte begleiten uns seit den Siebzigern, in denen sich die Gewerkschaft *Confederación Sindical Única de Trabajadores Campesinos de Bolivia*[40] unter der Schirmherrschaft der kataristischen Bewegung[41] umstrukturierte. Im November 1979 ordneten sie umfangreiche Straßensperren an, wodurch mehrere Wochen lang die Kommunikations- und Versorgungssysteme der Städte vollständig lahmgelegt wurden. In diesem Kontext kehrte das Bild der Belagerung bedrohlich zurück, und in den reichen Stadtteilen organisierten sich bewaffnete Selbstverteidigungsposten, um auf die drohende Gewalt der Rebellen zu reagieren. 2003 hatte sich die indigene Belagerung schließlich von El Alto in die Wohngebiete von La Paz ausgebreitet, wo sich die Ortschaften Apaña und Uni erhoben. Genau wie 1979 breitete sich die Paranoia in den südlichen

---

38 Siehe Glossar.

39 Um diese Themen geht es in der Forschung von Pablo Mamani und Sinclair Thomson; genauer: die Erinnerung und gegenwärtigen ideologischen Folgen des Rebellenaufstandes von Tupaq Katari (persönliche Kommunikation vom 14.07.2008).

40 Im Folgenden CSUTCB – der bolivianische Gewerkschaftsbund der Landarbeiter (Anm. d. Übers.)

41 Für eine Erläuterung siehe *Katarista* im Glossar.

und wohlhabenden Bezirken aus. Die Reaktion der Regierung auf den Indioaufstand war ein Präventivmassaker; eine typische koloniale Antwort auf die demokratische Forderung nach politischer Teilhabe Indigener. Beide Mobilisierungen lassen sich zurückführen auf die Vorgänge von 1781: die Demonstrationen, Blockaden, Besetzungen der Hügel, die Belagerung der Machtzentren sowie auch die Repressionen und der Einsatz von Gewalt als Sanktion gegenüber den Aufständischen reichen so weit zurück und sind Teil der kollektiven Erinnerung aller Beteiligten. Die ausführlichste Studie über den Katarismus von 1781 ist die Doktorarbeit von Sinclair Thomson mit dem Titel *Cuando sólo gobernasen los indios. La política aymara en la era de la insurgencia* (La Paz, 2007). Das Nichterwähnen von Jahreszahlen im Titel ist im Wunsch des Autors begründet, auf die gegenwärtigen Aufstände anzuspielen. Im Buch geht es um den langen Zyklus an Rebellionen, in dem verschiedene Themen immer wiederkehren. Diese wiederum kommen 1979 und 2000 bis 2005 wieder an die Oberfläche und heben abermals die Taktiken und Formen des symbolischen Kampfes während der großen Rebellion hervor, die auf die hitzigen Herausforderungen und Bedingungen eines jeden historischen Momentes anwendbar sind. Die Inhalte wiederholen sich, aber die Disjunktionen und Auswege sind unterschiedlich; eine Rückkehr erfolgt, aber nicht an denselben Ort. Das Ganze ist eher eine spiralförmige Bewegung. Das historische Gedächtnis wird reaktiviert und in Bezug auf frühere Konflikte und Rebellionszirkel gleichzeitig überarbeitet und mit einer neuen Bedeutung versehen. Es ist offensichtlich, dass in einer Kolonialsituation dem ›Nichtgesagten‹ die höchste Bedeutung zukommt; Worte verschleiern mehr, als dass sie preisgeben, und die Symbolsprache betritt die Bühne. Der symbolische grausame Gewaltakt der Vierteilung Kataris dient Thomson als Ausgangspunkt seiner Forschung; er zeigt auf, wohin die Einzelteile seines Körpers nach seinem Tod in Peñas gebracht wurden. Der Kopf wurde auf dem Hügel Killi-Killi ausgestellt. Der rechte Arm wurde auf den Platz Ayo Ayo gebracht (Provinz Sicasica), das rechte Bein auf den Platz Chulumani (Yungas de La Paz), der linke Arm auf den Platz Achacachi (Provinz Omasuyos) und das linke Bein auf den Platz Caquiaviri (Provinz Pacajes) (Thomson 2007: 19-24). Diese vier Orte sind der Ausgangspunkt für Thomsons Archivrecherchen, durch die er Verbindungen zu den Provinzen Chuchuito (im heutigen Peru) und Larecaja, im Norden von La Paz, entdeckte. So entstand ein umfangreicher Forschungszweig, in dessen Rahmen Fälle und Orte vertieft analysiert und so Prozesse aufgedeckt werden können, die sich über Jahrzehnte erstrecken.

Die Aufstände des 18. Jahrhunderts waren die Einforderung einer sozialen Ordnung, die auf der Anerkennung von Unterschieden sowie der Möglichkeit einer zivilen Gemeinschaft und einer legitimen Autorität basierte. Diese neue Sozialordnung implizierte nicht unbedingt die Ausgrenzung oder Vernichtung, sondern folgte eher dem Bild der Rückgabe oder Wiederherstellung: die »umgekehrte Welt« (Waman Puma) würde die ethischen Grundlagen der Sozialordnung zurückgeben. Es würde ein Raum der Vermittlung entstehen, gedacht und gelebt durch eine eigene Syntax.

An dieser Stelle soll auf zwei fundamentale Aspekte der Vision des Qhichwa-Chronisten aufmerksam gemacht werden: die Gefangennahme und der Tod von Atawallpa 1532 und die Hinrichtung von Tupaq Amaru I, dem aufständischen Inka aus Willkapampa.[42] Mit seinen Zeichnungen erschuf Waman Puma eine visuelle Theorie des Kolonialsy-

42 Hispanisiert Vilcabamba, das letzte Refugium des Inka-Imperiums vor der Zerstörung durch die Spanier (Anm. d. Übers)

stems. Er dokumentierte den Tod Atawallpas als Enthauptung mit einem großen Messer, durchgeführt von spanischen Staatsdienern. Dieses Sinnbild wiederholt sich mit dem Tod von Tupaq Amaru I, der 1571 hingerichtet wurde. Doch nur dieser starb durch Enthauptung, denn den Inkaherrscher Atawallpa ereilte die Strangulierung durch die Garotte. Dieser ›Irrtum‹ Waman Pumas verweist auf dessen ganz eigene Interpretation und Theoretisierung: der Tod des Inkaherrschers war effektiv eine Enthauptung der kolonialisierten Gesellschaft. Ohne Zweifel gibt es hier eine Bedeutung des Wortes ›Kopf‹, die nicht die gewöhnliche Hierarchie des restlichen Körpers meint: der Kopf ist die Ergänzung des *chuyma* (der Eingeweide), nicht die denkende Einheit. Seine Enthauptung bedeutet demnach eine tiefgreifende Unordnung und ein Ungleichgewicht des politischen Körpers der indigenen Gesellschaft.

Doch dieser düsteren, ahnungsvollen Vorahnung der Geschehnisse von 1781 kann das Bild des Indios als Dichter und Astrologe entgegengesetzt werden; jenem, der Nahrung anbaut, die Zeichen von Zeit und Raum entziffern kann sowie sich durch die Welt bewegt, jenseits der Eventualitäten der Geschichte.

EROBERUNG

Sie schneiden dem Inka Atawallpa Uman Tauchun den Kopf ab / Atawallpa starb in der Stadt Caxamarca.

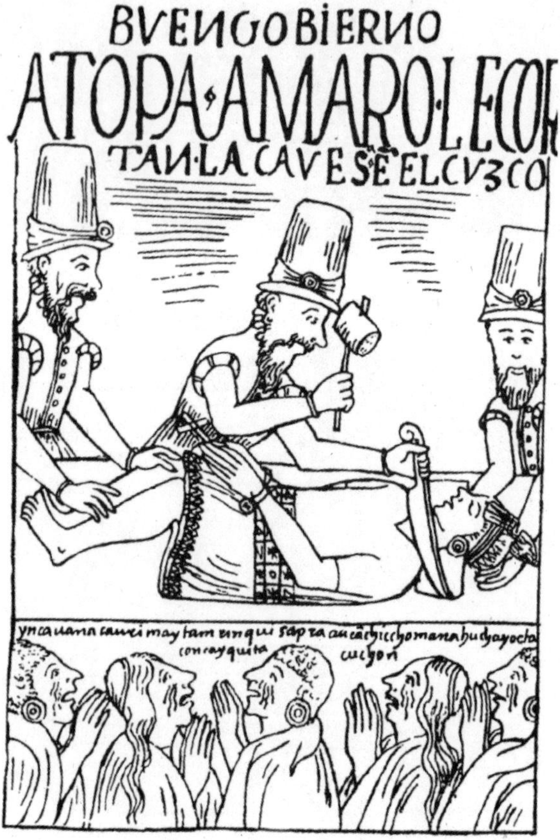

GUTE REGIERUNG

Topa Amaro wird der Kopf in Cusco abgeschnitten.

INDIOS / ASTROLOGE UND DICHTER, DER SICH AUSKENNT mit der Sonne, dem Mond und der Finsternis und den Sternen und den Kometen, der Zeit, dem Sonntag und dem Monat und Jahr und den vier Winden der Welt, um die Nahrung anzupflanzen. Seit langer Zeit.

Soziologie des Bildes. Eine Vision der Kolonialgeschichte des Andengebietes

Bereits seit langer Zeit beschäftigt sich meine Arbeit mit der Idee, dass wir es in der Gegenwart unserer Länder mit einem Fall von anhaltendem internem Kolonialismus zu tun haben. In diesem Kontext möchte ich über etwas sprechen, das ich die ›Soziologie des Bildes‹ nenne; also die Art und Weise, wie sich die visuellen Kulturen – wenn sie sich mit sozialen Gefügen auseinandersetzen – durch die Besonderheit ihres eigenen Wegs entwickeln und gleichzeitig viele unbewusste Aspekte der sozialen Welt preisgeben und reaktualisieren. Unsere Gesellschaft verfügt über eigene Elemente und Charakteristika der kulturellen und zivilisatorischen Konfrontation, die sich ab 1532 in unserem Raum abspielten. Worten kommt im Kolonialismus eine spezielle Rolle zu: sie benennen nicht, sondern sie verschleiern. Dies wurde besonders in der ersten Phase der Republik deutlich, als eine Ideologie der Gleichberechtigung etabliert wurde, die doch gleichzeitig einem Großteil der Bevölkerung die Bürgerrechte verwehrte. So verwandelten sich Worte in ein fiktionales Verzeichnis, voll mit Euphemismen, die die Realität verschleiern, anstatt sie zu benennen.

Die öffentlichen Diskurse verwandeln sich in Arten des Nichtsagens. Und dieses Universum an nichtgesagten Bedeutungen und Vorstellungen sowie der Glaube an rassifizierte Hierarchien und die immanente Ungleichheit der Menschen verankert sich im Menschenverstand, wodurch es immer mal wieder zu irrationalen und kathartischen Ausbrüchen kommt. Das wird nicht als Rassismus bezeichnet, und trotzdem haben wir in der letzten Zeit kollektive rassistische Ausbrüche mitbekommen – im Januar 2007 in Cochabamba oder im Mai 2008 in Sucre –, die auf den ersten Blick nicht zu erklären sind. Ich glaube, dass sich da die versteckten, unterirdischen Formen der kulturellen Konflikte zu erkennen geben, die wir nicht rationalisieren können. Außerdem können wir nicht darüber reden, da es uns schwerfällt, unsere öffentliche Sprache mit der privaten zu verbinden. Es fällt uns schwer, zu sagen, was wir denken, und uns über die Triebe im Hintergrund sowie unbewusste Konflikte und Schamgefühle im Klaren zu sein. Dadurch haben wir uns bestimmte Kommunikationsstile und Rhetorikmittel angeeignet, Doppeldeutigkeiten, unausgesprochene Bedeutungen, sprachliche Umgangsformen, die eine Reihe von Voraussetzungen verbergen, an denen sich die Handlungen orientieren, obwohl sie gleichzeitig die Handlung von der öffentlichen Haltung trennen.

Bilder bieten uns Interpretationen und gesellschaftliche Narrative, die seit vorkolonialer Zeit den erwähnten sozialen Hintergrund beleuchten und uns dadurch Perspektiven bieten, um die Realität kritisch zu betrachten. Das Verhältnis zwischen Bild und Wort ist Teil einer Methodologie und praktischer Pädagogik, die mir – an einer staatlichen Universität wie der UMSA – erlaubt, die Lücke zwischen dem Standardspanisch und den umgangssprachlichen Formen zu schließen, zwischen der gelebten und der visuellen Erfahrung der Studierenden, hauptsächlich Migrant*innen mit Aymara- oder Qhichwa-Herkunft, die damit kämpfen, ihren Ideen durch akademisches Spanisch Ausdruck zu verleihen.

Andererseits haben Bilder es mir aus einer historischen Perspektive erlaubt, Bedeutungen zu verstehen, ohne durch die Zensur der offiziellen Sprache beeinflusst zu sein. Ein Beispiel dafür ist die Arbeit von Waman Puma de Ayala, dessen Werk über mehrere Jahrhunderte keine Beachtung fand, heute jedoch im Zentrum zahlreicher Studien steht.

»Primer Nueva Coronica y Buen Gobierno« ist ein Brief, der tausend Seiten umfasst und zwischen 1612 und 1615 geschrieben wurde; Adressat war der spanische König. Mehr als 300 Zeichnungen sind Teil des Briefes. Waman Pumas Art zu schreiben ist geprägt von umgangssprachlichen Begriffen und Redewendungen des Qhichwa, Liedern und *Jayllis* auf Aymara sowie Konzepten wie ›Mundo al Revés‹ (die umgekehrte Welt) – alles Dinge, die der kataklystischen Erfahrung von Conquista und Kolonisierung entstammen. Diese Weltsicht der ›Mundo al Revés‹ tauchte erneut auf im Werk eines Malers aus Chuquisaca gegen Mitte des 19. Jahrhunderts, der in seinem bewegten politischen Leben als Gefangener und Deportierter die entferntesten Ecken im Land kennenlernte und auch mit *Pueblos Indígenas* zusammenwohnte, von denen kaum etwas bekannt war – wie die Bororo in Iténez oder die Chacobo und Moxeño im östlichen Flachland. Für ihn verweist ›Mundo al Revés‹ auf die Regierung der Republik in der Hand von Bestien, die die Arbeiter vor den Ochsenpflug spannen (Rivera 1997). Gewiss kannte der hier angesprochene Melchor María Mercado nicht das Werk von Waman Puma, das erst zu Beginn des letzten Jahrhunderts in einer Bibliothek in Kopenhagen entdeckt wurde. Diese Idee ist ihm wohl durch mündliche Überlieferung gekommen; vielleicht basiert sie auf Pachakuti, der indigenen Weltsicht, dass mit dem Aufstand oder der Wende von Raum-Zeit lange Zyklen der Katastrophe oder der Erneuerung des Kosmos beginnen.

›Mundo al Revés‹ ist ein wiederkehrendes Thema in Waman Pumas Werk; sie stellt einen Teil seiner visuellen Theoretisierung des Kolonialsystems dar. Noch mehr als im Text entwickelt der Chronist in den Zeichnungen eigene Ideen über die indigene, prähispanische Gesellschaft, über ihre Konzepte und Wertvorstellungen von Raum-Zeit sowie über die Bedeutungen der Hekatombe[43] der Kolonialisierung und der massiven Unterwerfung der Bevölkerung und des Andengebietes durch die spanische Krone.

Eine erste Idee ist die der Ordnung/Unordnung. Mehrere Sequenzen befassen sich mit diesem Thema. Zu Beginn der Chronik werden zahlreiche Arten der Ordnung gezeigt: bezogen auf das Alter, die Straßen oder die räumliche Aufteilung in den dicht besiedelten Ballungszentren. Zudem wird auf den rituellen Kalender verwiesen – trotz der Akzeptanz des gregorianischen Kalenders. Diese Sequenz zeigt uns die Ordnung der Beziehungen zwischen den Menschen und der heiligen Welt, die sowohl die produktive Arbeit als auch das kommunale Zusammenleben und die staatlichen Rituale beeinflusst. Es folgt die Darstellung der Schäden, welche die Conquista angerichtet hat, sowie des Missbrauchs durch die Corregidores und die brutalen widerrechtlichen Aneignungen und sonstigen Schäden, die durch die Gier nach Gold und Silber entstanden sind, bevor erneut der Kalender in den Blickpunkt gerät – aber dieses Mal frei von heidnischer Ritualität. So zeigt sich eine produktive Ordnung, die aber nicht von Ritualität und Hingabe losgelöst ist. In dieser Ordnung folgen die Monate und Arbeiten aufeinander und der katholische Heiligenkalender vermischt sich mit der Arbeitsroutine. Diese Ordnung ist in der Erde begründet und hat Verbindungen zum rituellen Kalender. So wird der zentrale Standpunkt des Essens und des produktiven Arbeitens in der kosmischen indigenen Ordnung verdeutlicht. In der Chronik ist dies ein starkes Argument gegen die widerrechtliche Aneignung der Ländereien sowie die Ausbeutung der Arbeitskraft. Um den König davon zu überzeugen, dass er eine Ordnung und ›gutes Regieren‹ in den Kolonien eta-

---

43 Siehe Glossar.

blieren soll, heißt es: »Mit dem Essen werden Gott und seine Majestät bedient. Und wir verehren Gott dafür. Ohne Essen gibt es weder Mensch noch Stärke«. Mit der Aufnahme des landwirtschaftlichen Kalenders wird demnach auch ein pädagogisches Ziel verfolgt: ›Schaut euch die armen Indios dieses Königreiches an, die in diesen Monaten sehen, was ihr alles auf Kosten der armen Indios des Königreiches Peru esst.‹ Es ist daher ein angemessener Abschluss für die lange Zeit der Not, wenn der Chronist zeigt, dass das Fundament einer jeden Gesellschaft und Regierung in der produktiven Arbeit der Landwirte liegt.

Der rituelle Kalender, der am Anfang beschrieben wurde, lässt sich also auch aus einer ganz anderen Perspektive sehen: Die Basis des Lebens besteht zu gleichen Teilen daraus, eine ausgeglichene Beziehung zur Erde als auch zur kosmischen Ordnung – repräsentiert durch die Sterne, die Berge und die Elemente – beizubehalten. Obwohl Waman Puma den gregorianischen Kalender, der von Januar bis Dezember reicht, angenommen hat, festigt er zugleich durch das oben beschrieben Vorgehen die staatliche Ritualität und die Ordnung der guten Regierungsführung. Das Verständnis des Gemeinwohls stützt sich auf mehrere Beziehungen: die zwischen den Menschen und der Natur, der Familie und der Gemeinschaft sowie der Gemeinschaften und ihren Autoritäten und dem Inka. Die Gesamtheit dieser Beziehungen folgt einer kosmischen Ordnung, in der die Regierenden, die Regierten und die Erde, die sie nährt, miteinander in einer zyklischen Wechselwirkung stehen. Im Gegensatz zur monothematischen Besessenheit der Konquistadoren in Bezug auf die Edelmetalle, um die es in den folgenden Kapiteln gehen wird, steht hier die Diversität der Opfergaben im Vordergrund sowie die Beziehungen mit dem Raum oder dem besonderen Moment der Opfergabe.

Die Beschreibung der räumlichen Ordnung dient außerdem einem gegensätzlichen, aufschlussreichen Zweck. Hierarchien entstehen dadurch, dass ein Raum als etwas verstanden wird, das Alter sowie Geschlechter trennt und sie anordnet, von niedrigem zu hohem Prestige und Anerkennung. Diese Hierarchien finden ihren Ausdruck auf den ›Straßen‹, eingenommen von Männern und Frauen in verschiedenen Schichten, die wie ein Spiegel der sozialen Hierarchie funktionieren. Schauen wir uns die Anordnung des Raumes der Frauen an. Auf der ›ersten Straße‹ (S. 69), ganz oben in der Hierarchie, findet sich eine Awacoc Warmi (eine Weberin) von 33 bis 50 Jahren.

Auf der zweiten ›Straße‹ finden sich Frauen über 50 Jahren, auf der dritten über 80-Jährige und auf der vierten Behinderte und Kranke, die, wie wir im Bild des Monats August (S. 64) sehen können, rituelle Funktionen übernehmen, die sie noch über heiratsfähige junge Frauen stellen. Die fünfte Straße ist den der Ledigen bis zum Alter von 33 Jahren vorbehalten. Insgesamt herrscht also eine positive Einschätzung von Erfahrung und Arbeit, die in einem radikalen Kontrast zum Jugend- und Schönheitskult der Besatzergesellschaft steht. Nichtsdestotrotz zeigt der Text auch eine Reihe abwertender Konzeptualisierungen gegenüber älteren Frauen. Demnach nannten sie die 50-Jährigen »alt, verwitwet, promiskuitiv (...) sie gehorchten niemandem«. Dennoch »wurden sie respektiert als ehrenhafte Alte, und sie kümmerten sich um die Mädchen und halfen bei der *Mita*[44] und anderen Verpflichtungen«. Die Wertschätzung für die Arbeit steht in Kontrast zur Bettelei und dem Verlust des Ansehens, das mit der Kolonialsituation in Verbindung gebracht wurde. Über die 80-Jährigen der dritten Straße heißt es: »Und so

44 Siehe Glossar.

brauchten die besagten Alten und Waisen, die nicht mehr konnten, keine Almosen. Zuvor gaben die besagten Alten den Waisenkindern zu essen und erzogen sie« Und dann: »Niemand macht dasselbe bei jungen Leuten und Alten, die noch arbeiten können. Weil sie ihren Rücken nicht senken, werden sie arm; während sie arm sind, entwickeln sie Fantasie und tun so, als wären sie jemand, der sie nicht sind. So wird aus dem gemeinen Bürger eine feine Frau, eine Dame, und so wird es zur umgekehrten Welt.«

Alle dargestellten Ordnungen zeigen die zeitliche und räumliche Organisierung der indigenen Gesellschaft auf, verstanden als gerechte Ordnung und ›gute Regierung‹. Die hinter den Argumenten und der Kritik stehende Intention wird sichtbar, wenn die einzelnen Zeichnungen mit anderen verglichen werden, dabei die Kontraste und Parallelen erforscht sowie die Wiederholung der Stile und die Anordnung der Bildfolgen. In gewisser Hinsicht wurde diese Aufgabe bereits von Rolena Adorno erledigt, die die Anordnungen der Zeichnungen untersucht hat, indem sie den linken, rechten, oberen und unteren Positionen sowie den Diagonalen und Objekten im Zentrum bestimmte Werte zugeordnet hat. Sie argumentiert, dass sich dahinter eine Art andines Unbewusstes und ein indigenes Verständnis von Raum verbirgt. Dennoch stellt mich die strukturalistische oder semiotische Annäherung nicht zufrieden, die ihrem Werk immanent ist; ebenso wenig ihre Idee der indigenen Andersartigkeit. Im Gegenteil: Ich weise den Zeichnungen anachronistische Konzepte aus dem Bereich des Films zu, wie zum Beispiel Sequenzierung oder Rückblende, denn das erlaubt es mir, weitere hypothetische Schnittkanten ihres Denkens zu erforschen. Das kann entweder als Gegensatz oder ergänzend zur Schriftsprache erfolgen – diese Ideen scheinen auf das Verständnis, die Kritik und vor allem die

Kommunikation dessen zu zielen, was Waman Puma als die fundamentalen Merkmale des Kolonialsystems ansieht. In diesem Sinne finde ich, dass es in seinen Zeichnungen konzeptuelle und theoretische Elemente gibt, aus denen sich eine kraftvolle Art der Kritik ableiten lässt. Diese Kritik zielt darauf ab, dass eine legitime Herrschaft und eine gute Regierungsführung im kolonialen Kontext unmöglich ist – eine Schlussfolgerung, die auch im aktuellen Kontext der Andenländer Gültigkeit besitzt.

Kehren wir zum Bild der prähispanischen Weberin (S. 69) zurück: Der Kommentar ist eloquent und thematisiert die Verbindung zwischen der Ausbeutung der Arbeitskraft und der moralischen Unordnung. Zwischen dem Gewebe als Zeichen von Reife und Prestige einerseits und der Nötigung durch die Doktrin des Pfarrers (S. 70 und 71) andererseits herrscht eine Kluft, und wenn wir lediglich die beiden letzten Bilder betrachten, geht diese Bedeutung verloren. Die Kolonisierung der Arbeitswelt lässt sich mit der modernen Maquiladora[45] vergleichen. Arbeit als Bestrafung ist ein Konzept des westlichen Denkens, von der Bibel bis zu den Ideen des marxistischen Philosophen Enrique Dussel. Doch wenn wir eine Rückblende anwenden, wenn wir auf das Verständnis des Zusammenlebens zwischen Natur und Menschheit, wie es in der Ordnung der Straßen und den Kalenderritualen aufgeführt wird, zurückkommen und dabei die Hierarchien und Mechanismen des Patriarchats berücksichtigen – dann ergibt sich eine viel tiefgreifendere Kritik der Ausbeutung, die sich nicht mehr nur als Gewinnung zusätzlicher Arbeitskraft interpretieren lässt, sondern als moralischer Affront und Angriff gegen die Menschenwürde.

45 Siehe Glossar.

Ein zweites Beispiel dessen, was wir als ikonografische Theorie der Kolonialzeit bezeichnen könnten, ist eine Szene, in der die Angehörigen und Angestellten des *Corregidor* mit ihm zusammen an einer Tafel sitzen, gedeckt mit Speisen und Getränken im Überfluss, während im Vordergrund jemand die Essensreste in einer Tüte aufsammelt (S. 72). Es handelt sich um einen Indio, einen Erwachsenen, kein Kind. Die Köpfe und Körper der Tischgäste sind überproportional dargestellt und dergestalt die Unterdrückung der Indigenen verbildlicht. In den Sprachen Aymara und Quechua gibt es kein Wort für Unterdrückung oder Ausbeutung. Beide Konzepte vereinen sich jedoch im Begriff ›jisk‘achasiña‹ bzw. ›jisk‘achaña‹, was übersetzt Verkleinerung heißt und mit dem demütigenden Dasein der Knechtschaft assoziiert wird.

Erniedrigung und Unordnung gehen Hand in Hand; die umgekehrte Welt bringt die Hierarchien durcheinander, macht aus den Bediensteten Herrschende und skizziert rechtswidrige Arten des sozialen Aufstiegs. Waman Puma spricht von natürlichen Hierarchien, davon, die Abstände zwischen hoch und tief, oben und unten intakt zu lassen. Es scheint, als habe er den rassifizierten Kolonialdiskurs der Spanier internalisiert, doch gleichzeitig enthüllt er die Existenz einer präspanischen Hierarchie, die er als legitimer darstellt. Und dennoch wird durch das Bild des verkleinerten Indios auch der psychologische Weg des Beherrschtwerdens sichtbar gemacht. Der Zustand der sozialen Geringstellung sowie die Vorstellung von Arbeit als endloser Quälerei stellen die Grundpfeiler für die Not und Knappheit während der Kolonialzeit dar. Mehr noch als um körperlichen Schmerz geht es jedoch um den Verlust der Würde sowie die Internalisierung der Werte der Unterdrücker. Damit thematisiert Waman, genau wie Frantz Fanon, die Zustände der Kolonialzeit.

Ein weiterer Beitrag zum Verständnis der kolonialen Gesellschaftsfundamente liegt in der Erkenntnis, dass die Zusammenhänge ihren Ursprung in einem Urbild haben: das Nicht-Menschsein des Anderen. Nicht nur das Bild der Spanier über die Indios war geprägt von Unwissen und Ablehnung; auch die Neuankömmlinge wurden von den Indios als nichtmenschlich angesehen. Die Vision der radikalen Alterität der Spanier in den Augen der Indios zeigt sich in einer weiteren Zeichnung aus der Serie über die Conquista (S. 73): Der Adelantado Candia sagt laut Waman Puma im Gespräch mit dem Inkaherrscher:[46]

> Wayna Qhapaq: »Kay quritachu mikhunki? (Dieses Gold isst du?)
> Candia: »Dieses Gold essen wir.«

Was dann folgt, ist ein Spiel voller Stereotype und phantasiereicher Darstellungen: In Spanien wird dieses Treffen die Existenz eines Reiches der Legenden offenbaren, in dem Teppiche, Kleider, Embleme und Utensilien aus reinem Gold hergestellt werden. Jahre später, der Inkaherrscher Wayna Qhapaq ist tot und das Königreich befindet sich im Krieg um seine Nachfolge zwischen Atawallpa und seinem Bruder Huáscar; bereiten die Konquistadoren, angeführt von Pizarro und Almagro, den Überfall auf Atawallpa vor. Der wusste allerdings bereits darüber Bescheid, und Waman Puma betont den Zweifel und Schrecken, den die Fremden hervorrufen:

> »Als Atawallpa Inka, die Herren Hauptmänner und die anderen Indios von dem Leben der Spanier erfuhren, ängstigen sie sich davor, dass die Christen nicht schliefen. Es hieß, dass sie achtsam

46 Candia tauchte tatsächlich 1527 in den Anden auf. Er war von Pizarro geschickt worden, der nach dem Erhalt der Informationen von Candia nach Spanien zurückkehrte, um eine kriegerische Expedition zu planen, da nun bestätigt war, dass im Andenimperium Edelmetalle zu finden waren.

> seien und Silber und Gold essen, sie und auch ihre Pferde. … Selbst die Sandalen seien aus Silber; die Gebisse und die Hufeisen und die Schießeisen und die Kopfbedeckungen. Tag und Nacht redete jeder mit seinen Papieren, *quilca*.[47] Alle waren verhüllt, Das Gesicht mit Wolle bedeckt, sodass nur die Augen zu sehen waren. (…) Und dass ihre Schwänze sehr lange hinter ihnen hingen, sagten sie von den Schwertern, und dass sie alle in feinem Silber gekleidet seien. Niemand war als Ältester zu erkennen; alle sahen wie Brüder im Anzug aus, und sie redeten und unterhielten sich und aßen und zogen sich an. Es gab nur einen, der viel mit allen sprach; ein älterer Mann mit dunkler Haut und weißen Zähnen und Augen« (Seite 354).

Nachts mit den Papieren reden, eingewickelt wie Kadaver (aufgrund ihrer Bärte), mit übergroßen Geschlechtsmerkmalen gezeichnet und Gold und Silber essend: die Körperlichkeit der Eindringlinge gelangt an die Grenzen des Nicht-Menschlichen. Und die Art ihrer Beziehungen sind nicht weniger unverständlich: der Anführer hat kein Symbol, das ihn als solchen ausweist, auffällig ist nur die Tatsache, dass er »viel mit vielen« spricht, ganz im Gegenteil zur schweigenden und symbolträchtigen Führungsart des Inka. Die Fremdheit, das Erstaunen und der Gedanke an eine kosmische Katastrophe scheinen der Grund für die Hilflosigkeit der Tausenden Soldaten des Inka zu sein; sie konnten das Heer von gerade einmal 160 Mann, aber ausgerüstet mit unbekannten Waffen und Tieren, nicht besiegen. Die frühere Belagerung durch die Inka in Cusco, angeführt vom Inka Manco, bringt neue Nuancen in Waman Pumas Diskurs. Laut ihm kam der Sieg der Belagerten durch die Intervention der Jungfrau Maria und des mächtigen Santiago, Schlächter der Indios, der mit Illapa, dem Gott des Blitzes, in Verbindung gebracht wird, zustande. Doch die Zeichnung lässt auch eine subtilere Interpretation zu. Sowohl der Spanier als auch der Inka sind bildlich dargestellt, symmetrisch angeord-

47 Siehe Glossar.

net; Candia auf den Knien und der Inkaherrscher sitzend. Es scheint eine freundliche, ausgeglichene Unterhaltung zu sein, doch bei genauerem Hinsehen suggeriert die Zeichnung eher einen Konflikt als einen Dialog. Das Gold, das als Essen gereicht wird, nimmt dem Besucher seine Menschlichkeit und zeigt die Verblüffung und die ontologische Distanz, mit denen die indigene Bevölkerung konfrontiert war. Dies ist eine zentrale Metapher der Conquista und der Kolonialisierung. Ihre immer noch vorherrschende Kraft erlaubt es uns, vom 16. Jahrhundert ins Jetzt zu springen, von der Historiografie hin zur Politik, um Gold als Essen anzuprangern und zu bekämpfen, die Samen wie Körner des Todes zu verstehen und den Verlust des Menschlichen wie eine Wunde von Natur und Kosmos.

Die historistischen Lesarten und die angesehenen Ideen von ›Authentizität‹ und Autorschaft haben dem Werk noch mehr Schaden zugefügt. Zahlreiche Forschende haben sich damit beschäftigt, die Fehler und Erfindungen des Chronisten aufzudecken, sein Hinzuziehen/ anderer Texte sowie die Ungenauigkeit in Bezug auf Daten und Personen. Der Fall von Candia ist aussagekräftig: Tatsächlich gab es nie ein Gespräch zwischen ihm und Wayna Qapaq und in Wahrheit war es Pizarro, der mit dem Inkagold nach Spanien reiste. Der gradlinige Blickwinkel der akademischen Kritik steht über dem Interpretationspotenzial der Zeichnungen, die die ›geschichtliche Wahrheit‹ abschwächen könnte; eine Wahrheit, die immer als moralischer Referenzrahmen fungiert und diktiert, was geschrieben oder gezeichnet wird. So besteht die Gefahr, dass das Interpretationspotenzial an Bedeutung verliert.

Dasselbe geschieht bei der Darstellung zweier bedeutender Hinrichtungen: der Tod von Atawallpa 1533 und der Tod von Tupaq Amaru I 1570. Die Zeichnungen sind beinahe identisch [s. Bilder auf S. 39 und 40]. Der rechtmäßige Inkaherrscher und der rebellische Inkaherrscher aus Willkapampa liegen beide auf dem Rücken. Ihre Körper sind gleich angeordnet. Ein Spanier trennt ihnen mit einem Messer die Köpfe ab, ein anderer hält ihre Füße fest. Wir wissen aber bereits, dass Atawallpa so nicht starb; er wurde durch die Garotte stranguliert. Die Darstellung von Tupaq Amarus Tod ist wahrheitsgetreuer – der Chronist befand sich naturgemäß näher am Geschehen. Doch die falschen Angaben in Bezug auf die Conquista und die Darstellung von Atawallpas Tod lassen sich nicht auf einen Quellenmangel zurückführen. Könnte es sein, dass Waman Puma sich auf falsche Versionen berief, Fehlinformationen aufsaß oder der herrschenden Ignoranz zum Opfer fiel? Es handelte sich schließlich um bedeutende Persönlichkeiten. Verdient dieser ›Fehler‹ nicht mehr als nur eine Korrektur oder eine historiografische Klarstellung?

Die Ähnlichkeit beider Abbildungen verursacht auf natürliche Art einen Rückblende-Effekt, der zeigt, dass es hier um eine Interpretation geht, nicht um eine bloße Beschreibung von Tatsachen. Die indigene Gesellschaft wurde enthauptet. Dieses Bild hat seinen Ursprung im Mythos des Inkaherrschers Ri (dessen Kopf unter der Erde wächst, bis er eines Tages wieder mit dem Körper vereint werden wird), der heute noch in Gemeinden im Süden Perus erzählt wird. Es geht also um eine moralische und politische Wahrnehmung der Geschehnisse: die Beraubung des Hauptes. Sei es ein Haus ohne Dach oder ein Haarschnitt; in den andinen Gesellschaften sind dies höchste Kränkungen, Ergebnisse unbeugsamer Feindschaften. Diese destruktive Radikalität dient als Metapher für die Conquista und die Kolonialisierung. In den schriftlich festgehaltenen Prozessen offenbart sich die Ironie der ›guten Regierungsführung‹ dadurch, dass Intention und Ansichten enthüllt werden. »Wie kann ein Diener von euch, ein armer Ritter, den König zum Tode verurteilen, weder den Prinzen noch den Herzog, noch den Grafen, noch den Marquis, noch den Ritter? Das ist ein Erheben und ein Besser-als-der-König-sein-Wollen.« (S. 419)

Im Gegensatz zum Umgang mit Atawallpa, der alleine starb, umgeben von Spaniern, trauern die Indios um Tupaq Amaru I. In ihren Äußerungen in Quechua manifestiert sich die Feindschaft, ohne Möglichkeit auf einen Waffenstillstand: »Ynga Wana Cauri, maytam rinqui? Sapra aucanchiccho mana huchayocta concayquita cuchon?« (»Inka Wana Kauri, wo bist du hingegangen? Unser perverser Feind will dir den Kopf abschneiden, obwohl du doch unschuldig bist?«) Der Blick in die Vergangenheit ist dabei von einer ethischen Beurteilung sowie einer historischen Interpretation geprägt, die das Potenzial haben, den Funken zukünftiger Aufstände zu entfachen, denn »auch die Toten werden vor dem Feind, wenn er siegt, nicht sicher sein« (Walter Benjamin, *Über den Begriff der Geschichte*).

Dieser düsteren Vision, historisch ausgedrückt im großen Aufstand von 1781 (Tupaq Amaru II, Tupaq Katari und andere Figuren der unterbrochenen Kontinuität) kann das Bild des Indios als Dichter und Astrologe [s. S. 41] entgegengesetzt werden, der über die Fähigkeit, Nahrung anzubauen, verfügt – weit über die Eventualitäten der Geschichte hinaus.

›Dichter‹ wird hier im Sinne Aristoteles' verstanden: Schöpfer der Welt, Hersteller von Nahrung, Kenner der Zyklen des Kosmos. Die Poiesis[48] der Welt realisiert sich im Gehen, in der Knotenschrift Khipu, in der sich die Erinnerung verewigt sowie in der Ordnungsmäßigkeit der Astralzyklen – Beweis und Vorschlag gleichzeitig. Die indigene

48 Siehe Glossar.

Alterität lässt sich als neue Universalität sehen, die sich dem Chaos und der kolonialen Zerstörungswut gegenüber Welt und Leben widersetzt. Seit jeher sind es die Weberinnen und die Dichter-Astrologen der Gemeinden und Dörfer, die uns alternative und subversive Praktiken und Wissen aufzeigen, mit deren Hilfe die Welt wieder ins rechte Lot gebracht werden kann.

ENERO: JANUAR

Qhapaq Raymi (der höchste Feiertag) Samay killa (Monat des Ausruhens)

Der eigene Körper wird geopfert; Fasten und Pilgern an heilige Orte. (S. 210)

FEBRERO: FEBRUAR

Pawqar Waray Killa (Monat, in dem sich festlich gekleidet wird) »Sie opferten eine große Menge Gold und Silber und Vieh, das alles für die *wak'a* (Gottheiten) Sonne, Mond, Sterne und *wak'a willka* (den heiligsten Gottheiten) in den höchsten Bergen und im Schnee«. (S. 213) Die Zeichnung zeigt außerdem Klappmuscheln (Spondylus, *conchas de mullu*) und Meerschweinchen als Beigaben der Edelmetalle.

MARZO: MÄRZ

Im März (Pacha Puquy Killa, Monat, in dem die Erde reift) kommt die Zeit des Dankens für die ersten Früchte sowie das Opfern von schwarzen Lamas. (S. 214)

ABRIL: APRIL

April ist der Monat der Feierlichkeiten und der staatlichen Rituale. Samay, Inka Raimi (Erholung, Feier des Inkaherrschers): Gesänge zu Ehren der Lamas und Flüsse, öffentliche Festessen und Spiele, zu denen sich in Cusco die geladene Obrigkeit des ganzen Imperiums versammelt. (S. 217)

MAYO: Mai

Im Mai (Hatun Kuski, Aymuray Killa, die große Suche, der Monat der Ernte) wird die zentrale Position der Nahrung im rituellen Kalender deutlich: »große Suche« bezieht sich auf die *illas*, Steine, die die erschaffende Kraft der Erde und ihrer Fruchtbarkeit repräsentieren. Die Zeichnung betont die Fülle und zeigt den Weg, die Ernte in die kommunalen oder staatlichen Depots zu transportieren. (S. 219)

JUNIO: JUNI

Hawkay Kuski (Ausruhen von der Ernte). Er trinkt gemeinsam mit der Sonne am Sonnenfest.

Im Juni ist die kleine Feier des Inkaherrschers; eine Epoche, in der die Obrigkeit »die Arbeiter und indigenen Kommunen des Königreiches besuchen soll, damit es im Königreich eine Fülle an Nahrung gebe, damit sich alle gegenseitig stützen, egal, ob arm oder reich; essen müssen alle.« (S. 221)

JULIO: JULI

Chakra rikuy, chakra qunakuy chawa warkum killa (Monat der Inspektion und Verteilung des Ackerlandes)

Im Juli wird das Ackerland aufgeteilt; dazu gehören große Opferdarbietungen. Waylla Wisa, der Priester, ähnelt den zeitgenössischen *yatiri*, die ab Ende Juli Opfergaben verbrennen. (S. 223)

AGOSTO: AUGUST

Chakra Yapuy Killa (Monat, in dem die Erde umgegraben wird)
Ein Monat geprägt von Ritualen, mit Gesängen, Getränken und Essen für den festlichen Augenblick, in dem die Erde geöffnet wird. Das Bild steht für die rituelle Aussaat, und die Präsenz einer buckeligen Kleinwüchsigen enthüllt die rituelle Wichtigkeit, die den körperlichen Defekten zugesprochen wird, um die Fruchtbarkeit anzurufen und das Chaos von *manqhapacha* (Mutter Erde) zu ordnen. (S. 225)

SEPTIEMBRE: SEPTEMBER

Quya Raymi Killa (Monat der Feierlichkeiten der Königin)

Die Quya ist die Königin des Himmels, und zu diesem Anlass wird den Planeten und Sternen gehuldigt. Allerdings ist dieser Monat auch jener der Krankheiten und des Gestankes; die Krankheiten der Erde lassen sich mit Ritualen behandeln. (S. 227)

OCTUBRE: OKTOBER

Uma Raymi Killa (Monat des höchsten Festes)

Im Oktober findet das Ritual des Regens statt. Schwarzer Widder hilft beim Weinen und dabei, den Gott um Wasser zu bitten. Es herrscht auch Hunger.

Opfergaben von weißen Lamas und die Schwarzen bringen sie zum Weinen um den Regen zu rufen. (S. 229)

NOVIEMBRE: NOVEMBER

Aya Marq'ay Killa (Monat der Verstorbenen)

Opfergaben an die verstorbenen Vorfahren, die aus ihren Gräbern steigen und an den Feierlichkeiten und Fressgelagen der Lebenden teilnehmen. (S. 231)

DICIEMBRE: DEZEMBER

Qhapaq Inti Raymi (Die große Feier zu Ehren der Sonne)

Der Zyklus endet mit der großen Feier der Sonne. Wohl der Moment der eindeutigsten Symbolik der Macht des Staates; Gold, Silber sowie Tier- und Menschenopfer werden vergraben. (S. 233)

PRIMERA CALLE: ERSTE STRASSE

Awakuq Warmi, »sie waren dreiunddreißig Jahre alt, als sie heirateten. Bis dahin waren sie Jungfrauen und Mädchen«. (S. 190)

PADRE QUE HACE TEJER ROPA POR FUERZA A LAS INDIAS:
PATER ZWINGT INDIGENE, KLEIDUNG ZU WEBEN

Trifft die, die in wilder Ehe leben; sie werden bedroht, mit Stöcken geschlagen und nicht bezahlt. »Wie die Pater der Doktrin die Witwen und Alleinstehenden zum Weben zwingen; sie werden dafür nicht bezahlt. Die Indias sind große Huren und es gibt kein Gegenmittel.« (S. 535)

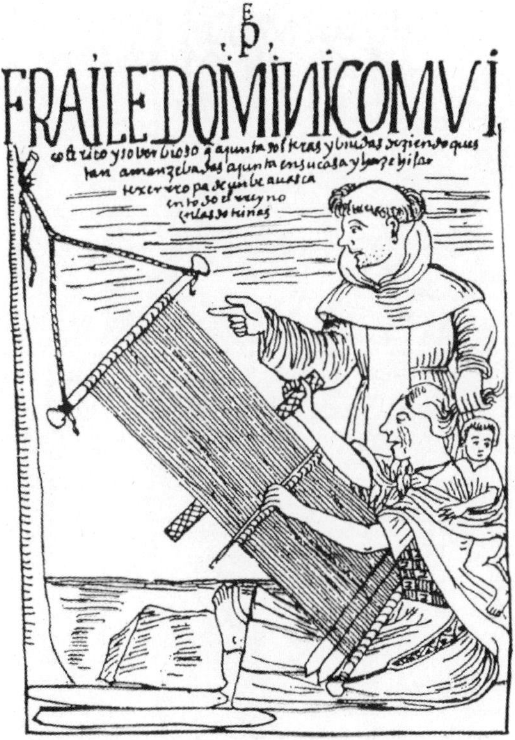

PADRES. FRAILE DOMINICO MUY COLERICO:
PATER. DOMINIKANISCHER, SEHR CHOLERISCHER MÖNCH

und überheblich; er versammelt Alleinstehende und Witwen, sagt, sie würden in wilder Ehe leben / Er versammelt sie in seinem Haus und zwingt sie zum Weben. »Die besagten Mönche sind so ungehobelt und überheblich, haben weder Angst vor Gott, der laut Doktrin grausam bestraft und für Gerechtigkeit sorgt, noch haben sie Angst vor dem Gesetz. Ihr ganzes Amt besteht darin, die Mädchen und Alleinstehenden und Witwen zum Weben zu versammeln. Und so verschwinden die Indios und Indias aus dem Dorf.« (S. 611)

CORREGIMIENTO QUE EL CORREGIDOR CONVIDA:
IM CORREGIMIENTO LÄDT DER CORREGIDOR EIN

An seinem Tisch essen Leute der Unterschicht, Mita-Indios, Mestizen, Mulatten, sie alle werden geehrt / Mestizen / Mulatten / Indios im Steuersystem / Corregidor / Trinksprüche … Häuptling / ñuqa servisqayki (Herr, ich werde dir dienen) / Provinzen (S. 468)

CONQUISTA. WAYNA QHAPAQ INKA / CANDIA, ESPAÑOL:
CONQUISTA. WAYNA QHAPAQ INKA / CANDIA, SPANIER
Kay quritachu mikhunki (Dieses Gold isst du?) / Dieses Gold essen wir / In Cusco (S. 343)

Bibliografie

Adorno, Rolena. »Paradigmas Perdidos. Guaman Poma examina la sociedad española colonial«, in: Duviols; Adorno; López Baralt, *Sobre Guamán Poma de Ayala*. La Paz, HISBOL, 1987.

Benjamín, Walter, »Theses on the philosophy of history«, in: *Illuminations*. Nueva York, Verso, 1969.

Poma de Ayala, Guamán (Waman Puma), *El primer nueva corónica y buen gobierno*. Edición anotada y comentada por Rolena Adorno, John Murra y Jorge Urioste, México, Siglo XXI, 1615/2006.

Rivera Cusicanqui, Silvia, »Secuencias iconográficas en Melchor María Mercado«, in: *Sociología de la imagen*, Buenos Aires, Tinta Limón, 2015.

Thomson, Sinclair, *Cuando sólo reinasen los indios. Política aymara en la era de la insurgencia*, La Paz, Muela del Diablo-Aruwiyiri, 2007.

Ch'ixinakax utxiwa.

Eine Reflexion über Praktiken und Diskurse der Dekolonisierung

1.

Die Umstände der Kolonialzeit beinhalten zahlreiche Paradoxe. Im Verlauf der Geschichte führt auf der einen Seite der modernisierende Impuls der europäischen Eliten zu nachfolgenden Rekolonisierungsprozessen. Ein Beispiel dafür sind die bourbonischen Reformen vor und nach den Aufständen 1771–1781. Auch wenn die historische Modernität für die Pueblos Indígenas in Amerika Sklaverei bedeutete, so war sie auch ein Gebiet des Widerstandes und der Konflikte – ein Schauplatz für die Entwicklung von Strategien, die gegen die Hegemonie wirkten, sowie neue Sprachen und indigene Projekte der Moderne (Thomson). Der Umstand, dass eine indigene Hegemonie überhaupt möglich ist, hat sich erst auf dem Gebiet der modernen Nation etabliert, eingefügt in die gegenwärtige Welt, aber es ist dennoch möglich, sich aus der reichen Erinnerung des internen Kolonialmarktes zu bedienen, aus dem langen Weg der Waren, der vernetzten und produktiven Gemeinschaften – bezahlt oder nicht – sowie der multikulturellen und bunten Stadtzentren. In Potosí hieß der große Koka- und Silbermarkt El Gato (Hispanisierung von *qhatu*), und die *qhateras* waren das Aushängeschild der indigenen Modernität, das letzte Bindeglied der modernen Waren, die gleichzeitig von der Technologie und indigenem Wissen aufrechterhalten wurden (Numhausen). Dieser Ort des kolonialzeitlichen Trajín[49] war auch der Schauplatz von

49 Siehe erster Essay (Anm. d. Übers.)

Tupaq Amaru, Tupaq Katari und Tomás Katari, die mit der Warenzirkulation über weite Strecken verknüpft waren. Und es war ihre Erfahrung mit der Steuererhebung der Krone, die die Rebellion befeuerte – nicht nur der *quinto real*, die Verkaufssteuer, der Zehnte und andere Steuerabgaben, sondern auch das Koka-Monopol, die erzwungene Warenverteilung, die Zwangsrekrutierung von Verladern und Lamatreibern. Das Projekt Katari-Amaru war Ausdruck einer indigenen Modernität im Angesicht der Formen von räuberischer Anteilhabe im Kontext des Steuerzwanges. Politische und religiöse Selbstbestimmung verlangten nach einer erneuten Aktualisierung der eigenen Historizität, einer Dekolonisierung des Imaginären, wie auch der Arten von Repräsentation.

All das zeigt, dass wir Indigenen vor allem gegenwärtige und gleichaltrige[50] Wesen waren und sind. Und in dieser Dimension – dem *aka pacha* – realisiert und entfaltet sich unser eigener Einsatz für die Modernität.[51] Der kulturalistische Postmodernismus, den die Eliten ausrufen und den der Staat teilweise reproduziert, ist uns als Taktik völlig fremd. Es gibt kein ›prä‹ oder ›post‹ beim Blick auf die Geschichte, die weder linear noch teleologisch ist, sondern sich kreis- und spiralförmig bewegt, die einen Kurs angibt und dennoch an denselben Punkt zurückkehrt. Die indigene Welt nimmt die Geschichte nicht linear wahr; Vergangenheit-Zukunft sind in der Gegenwart enthalten. Rück- oder Fortschritt, Wiederholung oder Überwindung der Vergangenheit stehen bei jeder Gelegenheit auf dem Spiel und hängen mehr von unseren Handlungen als unseren Worten ab. Das Projekt der

---

50 Hier könnte mit den Ideen der Ungleichzeitigkeit/Gleichzeitigkeit nach Bloch argumentiert werden, aber auch mit der historisch-anthropologischen Vision von Fabian, die über Gleichzeitigkeit spricht.

51 Partha Chatterjee nennt es »our modernity«, unsere Modernität.

indigenen Modernität zeigt sich aus der Gegenwart heraus, spiralförmig, und ist eine wiederholte Rückkopplung der Vergangenheit an die Zukunft; ein »Prinzip Hoffnung« oder »beteiligte Erkenntnis« (Bloch), wodurch die Dekolonisierung gleichzeitig erahnt und umgesetzt wird.

Die Erfahrung der Gleichzeitigkeit verwickelt uns in die Gegenwart – *aka pacha* – und beinhaltet den Keim der Zukunft, der in der Vergangenheit gesät wurde – *qhip nayr uñtasis sarnaqapxañani*. Die Gegenwart ist Schauplatz von modernisierenden und gleichzeitig archaisierenden Trieben und Strategien, die den Status Quo beibehalten wollen, und anderen, die die Aufruhr und Erneuerung der Erde bedeuten: *pachakuti*. Die umgekehrte Welt des Kolonialismus kehrt nur dann als Geschichte zurück, wenn diejenigen, die sich dafür einsetzen, die Vergangenheit zu konservieren, besiegt werden, und zwar mit all ihrem Ballast an Privilegien. Aber wenn sie triumphieren, »kann sich nicht einmal die Vergangenheit von der Wut des Feindes befreien« (paraphrasiert nach Walter Benjamin).

Welche archaischen oder konservativen Gruppen und Schichten gibt es in Bolivien? Was ist Dekolonisierung und was hat sie mit der Modernität zu tun? Wie wird das exklusive, ethnozentrische ›Wir‹ zu einem ›inklusiven Wir‹ – jener Heimat für alle, welche die Dekolonisierung projiziert? Wie denken und problematisieren wir, aus dem Hier und Jetzt, die kolonialisierte Gegenwart und ihre Überwindung?

2.

1983 nannte Aníbal Quijano die Aufstände und Bewegungen des Bauerntums im Andenraum »präpolitisch« – in einem Text, den ich in angemessener Weise kritisiert habe[52] –

52 »Rebellion und Ideologie«, in *Historia Boliviana* 1981.

und ich schrieb *Oprimidos pero no vencidos*, eine Schrift, die Bedeutung und Relevanz der Mobilisierungen in den Anden für die Kämpfe der Gegenwart radikal anders deutete. In diesem Text argumentierte ich, dass der kataristisch-indigene Aufstand von 1979 in Bolivien die Notwendigkeit einer »radikalen und tiefgreifenden Dekolonisierung« hervorgebracht habe – in Bezug auf die politischen, wirtschaftlichen und vor allem mentalen Strukturen und die Art, die Welt wahrzunehmen.

Das Fazit des Buches war die logische Folge einer detaillierten Analyse der verschiedenen Momente der Herrschaft in unserem Land – kolonial, liberal, populistisch –, die zwar legale und konstitutionelle Ordnungen durcheinander brachten, aber gleichzeitig alte Praktiken der Exklusion und Diskriminierung wiederverwerteten. Seit dem 19. Jahrhundert führten die liberalen und modernisierenden Reformen zu einer bedingten Inklusion, einer »unvollständigen Staatsbürgerschaft zweiter Klasse« (Guha). Der Preis dieser trügerischen Inklusion war außerdem der Archaismus der Eliten. Die Rekolonisierung konnte dadurch Arten der finanziellen Herrschaft etablieren, die sich in den zugeschriebenen Privilegien der Kolonialmacht gründeten. Heutzutage ist die Rhetorik der Gleichheit und der Bürgerrechte eine reine Karikatur, die die politischen und kulturellen Privilegien stillschweigend zu verbergen weiß; so allgemein akzeptiert, dass die Unvereinbarkeit hingenommen wird und auf diese Weise koloniale Strukturen der Unterdrückung reproduziert werden können.

Die bolivianischen Eliten sind eine westliche Karikatur, und wenn ich von Eliten spreche, meine ich nicht nur die Politik oder die staatliche Bürokratie, sondern auch die Intellektuellen, die postmoderne und sogar postkoloniale Standpunkte einnehmen: die *academia gringa* und ihre Anhänger, die pyramidale Machtstrukturen und symbolisches Kapital aufstellen; Dreiecke ohne Basis, die vertikal mit einigen lateinamerikanischen Universitäten verbunden sind und Kundennetze zwischen indigenen und afrobolivianischen Intellektuellen schaffen.

An vielen nordamerikanischen Universitäten stehen mittlerweile ›Postkoloniale Studien‹ auf dem Lehrplan der kulturwissenschaftlichen Abteilungen, allerdings mit kulturalistischen und akademistischen Zügen, frei von der politischen Dringlichkeit, die so charakteristisch war für die intellektuellen Fragen der Kolleg*innen aus Indien. Obwohl der Großteil der Mitbegründer*innen der Zeitschrift *Subaltern Studies* Teil der Bengali-Elite der 1970er und 1980er Jahre waren – viele hatten dasselbe College in Kalkutta besucht –, lag der Unterschied hier in der Sprache, in der radikalen Alterität, Bengali, Hindi und andere indische Sprachen (mit langer Tradition an Schrift und philosophischer Reflexion) zu sprechen. Die Kulturwissenschaften nordamerikanischer Universitäten jedoch ändern nichts an der Verteilung der Macht in den ›Palästen‹ des Imperiums. Sie haben die Ideen der Subalternität angenommen und in Lateinamerika Debatten losgetreten und einen eigenen Jargon, einen konzeptuellen Apparat sowie Arten des Referierens und der Anspielungen geschaffen. So wurde eine klare Trennung zwischen akademischem Diskurs und den Kompromissen und dem Dialog der aufständischen Kräfte der Gesellschaft etabliert. Leute wie Mignolo haben ein kleines Imperium innerhalb des Imperiums hergestellt und strategisch den Beitrag der Schule der Subalternität aus Indien sowie lateinamerikanische Ableger der kritischen Reflexion über Kolonisierung und Dekolonisierung wiederverwerten können.

Im eigenen Verständnis haben die bolivianischen Eliten offiziell einen Multikulturalismus eingeführt, der vor Zitaten von Kymlicka nur so strotzt und Indigene als Minderheit versteht. Bezogen auf ganz Lateinamerika hielt es die Technokratie für notwendig, die »Anpassung zu humanisieren«. Auslöser dafür waren die massiven Proteste gegen neoliberale Maßnahmen in Venezuela (1989), Mexiko (1994), Bolivien (2000-2005) und Argentinien (2002). Die Konsequenz war ein ornamenthafter und symbolischer Multikulturalismus voll mit Floskeln wie ›Ethnotourismus‹ und ›Ökotourismus‹, die die Aufbauschung der Lebensbedingungen eines ›Ursprungsvolkes‹ ins Spiel brachten, verankert in der Vergangenheit und nicht fähig, das eigene Schicksal in die Hand zu nehmen. Wie eine Nebelkerze, welche die mit der ›Kapitalisierung‹ einhergehende Vetternwirtschaft verhüllen sollte, setzte sich Gonzalo Sánchez de Lozada 1994 für das kulturalistische Programm des Indigenen ein; mithilfe seines Vorzeige-Vizepräsidenten,[53] der Dezentralisierung der Gemeinden und einer Verfassungsreform. Sei es aus Angst vor dem Pöbel oder um die Agenda der Finanziers durchzusetzen – die Eliten sensibilisierten sich für die Forderungen nach Anerkennung und politischer Teilhabe, die die sozialen Bewegungen der Indigenen stellten, und folgten einem essenzialistischen Diskurs, der den Begriff ›indigene Völker‹ in den Mittelpunkt rückte. Die Anerkennung der Rechte in Bezug auf Kultur und Land – verkürzt, an Bedingungen gebunden und höchst widerstrebend gegeben – erlaubte so das Elitenrecycling und die Kontinuität ihres Machtmonopols.

Was bedeutet diese Wiederaneignung und was waren ihre Konsequenzen? Die Kataristen und indigenen Aktivist*innen

53 Gemeint ist Víctor Hugo Cárdenas Conde, Aymara, Aktivist und Anführer der linken Partei MRTKL (Movimiento Revolucionario Túpac Katari de Liberación). Er war von 1993 bis 1997 Boliviens Vizepräsident, während der ersten Präsidentschaft von Gonzalo Sánchez de Lozada (Anm. d. Übers.)

aus den westlichen Anden hatten eine schematische Vision der Pueblos Indígenas im Osten, die sie »Aymaras, Qhichwas und Tupiguaranís« oder einfach ›Indios‹ nannten. Der Begriff des ›Ursprungs‹ führt uns zu einer Charakterisierung der Vergangenheit als stillstehend, statisch und archaisch. So werden indigene Forderungen strategisch benutzt und ihr dekolonisierender Antrieb neutralisiert. Wird vom ›Ursprung‹ eines Volkes geredet, wird ihnen die Zeitgenössigkeit abgesprochen und der Zugang zu den Kämpfen der Modernität verwehrt. Ihnen wird der Status eines Überbleibsels zugeschrieben und tatsächlich werden sie so in Minderheiten verwandelt, in Stereotype unterteilt – der Indigene als guter Wilder, Hüter der Natur.

In dem Maße, wie sich die Pueblos Indígenas aus Ost und West in ihre TCOs[54] zurückziehen und so zur NGO werden, werden die essenzialistischen und »orientalistischen« (Said) Begriffe hegemonial und sie verwandeln sich in ein multikulturelles Schmuckstück des Neoliberalismus. Das neue Stereotyp des Indigenen verbindet die Idee einer Kontinuität der territorialen Besetzung – stets ländlich – mit einer Reihe von ethnischen und kulturellen Merkmalen, die einordnen und Szenarien für eine fast theatralische Darstellung des Andersseins bilden. Rossana Barragán nannte diese cholo-indigene[55] Strategie der ethnischen Selbstbehauptung eine »emblematische Identität«.

Der Diskurs des Multikulturalismus versteckte auch eine geheime Agenda: Die Ethnizität der bunten und kultivierten Bevölkerung – in Kolonialgebieten, den Minen, auf den Handelsrouten der Indigenen (jenen für offizielle Waren wie auch denen des Schwarzhandels) sowie in den Städten – zu leugnen, erlaubte den Eliten, der Technobü-

54 Siehe Glossar.

55 Für den Begriff *Chola/o*, siehe Glossar.

rokratie des Staates und den NGOs die Anweisungen des Imperiums durchzusetzen: »Coca Cero« (Null Koka), Zwangsabholzung und die Schließung der legalen Märkte im tropischen Cochabamba, Gesetze zum geistigen Eigentum, Steuerreformen und das Ende des Schmuggels. Der Begriff ›Ursprungsvolk‹ bestätigt und erkennt an, aber gleichzeitig macht er den Großteil der Aymara- oder Qhichwa-Sprechenden in den Subtropen, den Minen, den Städten und dem offiziellen wie auch dem Schmuggel-Markt unsichtbar und schließt sie aus. Dieser Terminus unterstützt also die Strategie, die indigene Bevölkerung als Mehrheit nicht anzuerkennen, mehr noch: ihr hegemoniales Potenzial und Einflussnahme auf die Regierung abzuerkennen.[56]

3.

Der oben beschriebene Multikulturalismus von offizieller Seite ist ein hervorragender Vertuschungsmechanismus für neue Formen der Kolonisierung. Die Eliten nutzen eine Verschleierungstaktik und bringen neue Formen von Kooptation und Neutralisierung zum Einsatz. So entsteht eine ›an Bedingungen geknüpfte Inklusion‹, eine gekürzte Staatsbürgerschaft, die subalternisierte Identitäten und Vorstellungen an eine bestimmte Vorlage oder anonyme Massen anpasst, die ihre eigene Identität dramatisieren.

Was ist demnach Dekolonisierung? Kann sich dahinter auch lediglich ein Gedanke oder Diskurs verbergen? Meiner

56 Dieser Vortrag wurde gehalten, als noch nicht über das Ergebnis der Staatskrise vom 18. Dezember 2005 nachgedacht wurde; der Triumph der MAS von Evo Morales und die Bildung der ersten modernen Regierung von Amerika in den Händen eines indigenen Präsidenten. Auch wenn sich im Laufe der Jahre gezeigt hat, dass eine solche emblematische Identität nichts anderes als eine verdeckte Fassade war.

Meinung nach ist dies ein zentraler Punkt, der in der Debatte selten vorkommt. Ein modernisierender Diskurs wie der der Liberalen gegen Ende des 19. Jahrhunderts funktionierte nur als solcher, da er von liberalen Praktiken begleitet war, von tatsächlichen Bemühungen um Gleichstellung und Teilhabe an der öffentlichen Sphäre. Die *Ley de Exvinculación*[57] vom 5. Oktober 1874 beendet die liberale Reform dadurch, dass durch falsches Verständnis und lediglich auf rhetorischer Ebene eine Gleichheit der Indios etabliert wurde. Die Reform wurde so in einen Prozess aggressiver Neukolonisierung der indigenen Territorien im ganzen Land umgewandelt, wodurch eine starke Expansion an Großgrundbesitz stattfand; Gemeinschaftsland wurde in großem Stil enteignet. Unterdessen widmete sich die Elite Finanzaktivitäten, ausgiebigen Reisen durch Europa und vor allem spekulativen Verhandlungen über Land und Abbaurechte. Die ›Aufgeklärten‹ von damals wie auch die ›Gelehrten‹ des mexikanischen Porfiriats schufen so mithilfe der militanten Unterstützung des Staatsapparats, besonders des Militärs, eine Finanz- und Herrschaftselite, die noch hartnäckiger kolonial war als die spanische. Tatsächlich bewegte sich die Oligarchie des 19. Jahrhunderts weg von kommerziellen und industriellen Aktivitäten, die ihre Vorgänger im 16. Jahrhundert auszeichneten. Der Fokus lag nun auf der widerrechtlichen Aneignung von Ländereien, Spekulation und Import-Export-Geschäften. Der Abbau von Rohstoffen befand sich unter der Kontrolle von ausländischem Kapital und der interne Güterfernverkehr (der grenzüberschreitende Räume umfasste und sich bis in die Nachbarländer erstreckte) blieb in den Händen der indigenen und mestizischen Gemeinden, die über gut ausgebaute und moderne Netze zwischen Land und Stadt verfügten.

57 Siehe Glossar.

Ziel war die ausgedehnte Reproduktion von Kapital. Es sind die Praktiken der produktiven Gemeinschaften – inklusive derjenigen, die die Zirkulation ›produzieren‹ –, die die Modernität definieren, während der vorgeblich modernisierende Diskurs der Eliten lediglich die Archaisierungsprozesse sowie den Konservativismus in Bezug auf Wirtschaft, Kultur und Politik vertuscht, wodurch die Kolonialisierung der Gesellschaft abermals reproduziert und erneuert wird.

Es gibt keinen Dekolonisierungsdiskurs, keine Dekolonisierungstheorie ohne die dazugehörigen Praktiken. Die Diskurse über Multikulturalismus und Hybridität sind essenzialistisch und historizistisch in Bezug auf indigene Angelegenheiten. Und sie gehen bei Weitem nicht tief genug; vielmehr verschleiern und erneuern sie effektive Praktiken der Kolonisierung und Subalternisierung. So sollen die indigenen Gemeinschaften als Subjekte der Geschichte ersetzt und ihre Kämpfe und Forderungen zu Zutaten eines kulturellen und staatlichen Strukturwandels werden, der letztlich dazu dient, sie zu neutralisieren und unterzuordnen. Es handelt sich also um eine ›Änderung, damit sich nichts ändert‹, die nur Anerkennung auf rhetorischer Ebene verleiht und den Indios lediglich eine emblematische und symbolische Funktion zuteilt. Ein glückliche ›kulturelle Sklaverei‹, das nur dem Pluri-Multi-Spektakel des Staates und den Massenkommunikationsmedien dient.

4.

Der Gatopardismus[58] der politischen und wirtschaftlichen Eliten Amerikas wird im kleineren Rahmen in den Sozialwissenschaften der Andenregion reproduziert. Es handelt sich um eine typische Struktur des »internen Kolonialis-

58 Siehe Glossar.

mus« nach der Definition von Pablo González Casanova aus dem Jahr 1969. Die baumartige Struktur des internen Kolonialismus ist verbunden mit den Machtzentren der nördlichen Hemisphäre – den Universitäten, Stiftungen und internationalen Behörden. Ich verweise auf dieses wichtige Thema – die Rolle der Intellektuellen in der Herrschaft über das Imperium –, da ich denke, dass wir in der kollektiven Verantwortung stehen, die Weiterführung dieser Herrschaft nicht aufrecht zu erhalten. Ohne es zu wollen, laufen wir Gefahr, dem Feind die Waffen zu liefern, wenn wir an Debatten teilnehmen und in den Ideenaustausch gehen. Der Feind ist facettenreich, agiert lokal und global, ist zu verorten in den kleinen Ecken des *poder chiquito*, der kleinen Macht, an unseren armen Universitäten und Bibliotheken; ebenso ist er zu finden auf den Gipfeln von Prestige und Privileg, in den ›Palästen‹, laut Spivak die Universitäten im Norden, aus denen die herrschenden Ideen stammen, die *Think Tanks* (die eine kriegerische Metapher suggerieren) der Imperialmächte. Die verzweigte Struktur des internen und externen Kolonialismus verfügt über Zentren und Subzentren, verschiedene Knotenpunkte, die gewisse Universitäten miteinander verknüpfen, disziplinäre Strömungen und akademische Trends im Norden mit ihren Entsprechungen im Süden. Nehmen wir den Fall der Duke University. Die Abteilung der Kulturwissenschaften beherbergt einen in den 1980er Jahren emigrierten Argentinier; seine Jugend in Frankreich war geprägt vom Marxismus, im Erwachsenenalter widmete er sich in den USA dem Postkolonialismus und den Kulturwissenschaften. Dr. Mignolo verfiel eine Zeitlang darauf, mich zu loben; vielleicht setzte er das südbolivianische Sprichwort ›Alábenlo al tonto que lo verán trabajar‹ (Lobt den Dummkopf und ihr werdet ihn arbeiten sehen) um. Er griff meine Ideen über den internen Kolonialismus und die Epistemologie der *Oral*

History auf und erbrach sie wieder, eingewickelt in einen völlig entpolitisierten Diskurs über Alterität. Er achtete darauf, polemische Begriffe wie »kolonial-andine Mestizität« *(mestizaje colonial andino)* zu vermeiden, übernahm aber dekontextualisiert Ideen, die ich in *El potencial epistemológico de la historia oral* anführte, als der Taller de Historia Oral gerade in seinen Anfangszügen steckte und noch nicht durch die verschiedenen Krisen gegangen war, mit denen wir uns heute konfrontiert sehen. Damals war der Ausblick ein sehr optimistischer, der in vieler Hinsicht in meinen jüngeren Texten neu verhandelt wurde. Aber die nordamerikanische Forschung verfolgt unsere Debatten nicht, interagiert nicht besonders viel mit der andinen Sozialwissenschaft (außer durch das Vergeben von Stipendien und Einladungen zu Seminaren und Symposien). Und deswegen hat Mignolo diese Aspekte meines Denkens übersehen.

Der Trend hin zur Oral History wird also hauptsächlich an der Universidad Andina de Simón Bolívar gelebt. Die Abteilung für Postkoloniale Studien wird von Catherine Walsh geleitet, Schülerin und Freundin von Mignolo, und bietet ein Aufbaustudium an, das sich durch seine logozentrische und nominalistische Version der Dekolonisierung auszeichnet. Neologismen wie ›de-kolonial‹, ›Transmodernität‹ und *eco-sí-mia* (als Gegensatz zu *economía*) treten vermehrt auf und machen die Sprache kompliziert. Dabei verwirren sie ihre Studienobjekte – die Indigenen und Afrodescendientes –, mit denen sie eigentlich glauben, im Dialog zu stehen. Zusätzlich erschaffen sie einen neuen akademischen Kanon, bedienen sich einer Welt aus Referenzen und Gegenreferenzen, was Hierarchien etabliert und neue Gurus hervorbringt: Mignolo, Dussel, Walsh, Sanjinés. Dank ihrer Anerkennung und Ausbildung an den akademischen Knotenpunkten der USA sind sie ausgestattet mit kulturellem und symbolischem

Kapital. Diese neue Struktur akademischer Macht wird praktisch durch ein Netz an Gastprofessuren umgesetzt sowie durch den Zustrom von Studierenden aus Bolivien, Peru und Ecuador, die als Afrodescendientes und Indigene den theoretischen, rassifizierten und exotisierenden Multikulturalismus der akademischen Welt aufrecht erhalten.

Daher schlage ich vor, anstatt einer ›Geopolitik des Wissens‹ eine ›politische Ökonomie‹ des Wissens zu realisieren. Nicht nur, weil die ›Geopolitik des Wissens‹ antikolonialer Ausprägung ein Begriff ist, der nicht in die Praxis umgesetzt wird und sich sogar durch Gesten der Rekolonialisierung – ersichtlich in den Vorstellungen und Lebensläufen der Intellektuellen des Südens – selbst widerspricht. Sondern auch, weil es notwendig ist, sich von der Sphäre der Überbauten zu entfernen sowie die wirtschaftlichen Strategien und materiellen Mechanismen, die hinter den Diskursen operieren, zu vermindern. Der postkoloniale Diskurs in Nordamerika ist nicht nur eine Ökonomie an Ideen, sondern auch eine Ökonomie der Gehälter, Annehmlichkeiten und Privilegien, wie auch eine Wertzertifizierung mittels der Vergabe von Titeln, Stipendien, Mastern sowie der Einladung von Gastdozent*innen und dem Angebot von Publikationsmöglichkeiten. Aus offensichtlichen Gründen und in dem Umfang, in dem sich die Krise der öffentlichen Universitäten in Lateinamerika verschärft, lässt sich die Art der beschriebenen Struktur als Umsetzung des Klientelismus, als koloniale Herrschaftsform lesen. Das Spiel ›Wer zitiert wen?‹ etabliert so Hierarchien, und wir müssen das dekolonisierte Denken wieder hochwürgen, das wir, die indigenen Gemeinschaften und Intellektuellen, einst unabhängig geschaffen haben. Dieser Prozess begann bereits in den 1970er Jahren – mit der Arbeit von Pablo González Casanova über ›den internen Kolonialismus‹, die 1969 erschien und beinahe nie zitiert wird – zu einem Zeitpunkt also, als Mignolo und Quijano sich noch mit dem positivistischen Marxismus und einer linearen Sichtweise von Geschichte beschäftigten.

Hier macht es Sinn, eine Anekdote anzubringen. Vor einiger Zeit schrieb ich eine politische Kritik der bolivianischen Linken für ein Seminar, das eine akademische Stiftung in Mexiko organisierte. Der Artikel hieß »Acerca de los problemas de las llamadas izquierdas« (Über die Probleme der sogenannten Linken) und hatte zur Absicht, die Art zu kritisieren, in der die Eliten der marxistischen Linken – aufgrund ihrer gebildeten und positivistischen Ansicht – das Feld der indigenen Identität und die Probleme der Dekolonisierung vernachlässigt hatten. Sie führten eine reduktionistische und formalistische Analyse durch, die es ihnen erlaubte, die kulturelle Herrschaft, die sie aufgrund ihrer Klassenzugehörigkeit, der Beherrschung der legitimen Sprache sowie des westlichen Denkens ausübten, zu reproduzieren. Um dies zu erreichen, benutzten sie natürlich Diskurse, die verschleierten; des Weiteren bezeichneten sie sich selbst als Sprecher*innen und Dolmetscher*innen der Forderungen der Pueblos Indígenas. In meinem Artikel benutzte ich daher mit voller Absicht den Begriff des ›internen Kolonialismus‹, um den Überlegenheitskomplex der Intellektuellen der Mittelschicht in Bezug auf die gleichgestellten Indigenen und alle politischen Zweige, die davon abgehen, zu analysieren. Die Lektoren der englischsprachigen Zeitschrift schlugen mir vor, ich solle meine Quellen korrigieren. Sie wiesen mich darauf hin, dass ich die Idee der *colonialidad del saber* (Kolonialität des Wissens) von Aníbal Quijano mit aufnehmen solle, damit mein Text leichter zu verstehen wäre – da die Leserschaft überhaupt nicht vertraut sei mit dem Beitrag von González Casanova und dem Taller de Historia Oral Andina. Ich antwortete, dass es nicht meine Schuld sei, dass Quijano uns 1983 noch nicht gelesen hat – wir jedoch ihn – und dass meine Ideen über den internen Kolonialismus auf der Ebene von Wissen-Macht aus meinem eigenen Weg hervorgegangen sind, inspiriert durch Lektüren – die von Maurice Halbwachs über das kollektive Gedächtnis, Frantz Fanon über die Internalisierung des Feindes und Franco Ferraroti über die Geschichten des Lebens – und vor allem durch meine Erfahrungen, die ich bei der Teilnahme an der Neuentstehung der Aymara-Bewegung und dem indigenen Aufstand in den 1970er und 1980er Jahren gesammelt habe.

Die vertikale Struktur der Dreiecke ohne Basis, die die Wissenschaft des Nordens durch ihre Beziehungen mit Universitäten und Intellektuellen des Südens schafft, drückt sich auf verschiedene Arten aus. In den 1990er Jahren formulierte Quijano die Idee der *colonialidad del poder* (Kolonialität der Macht); gleichzeitig formulierte Mignolo den Begriff der *diferencia colonial* (kolonialer Unterschied), eignete sich wieder die Ideen von Quijano an und fügte neue Nuancen hinzu. So entstanden die Begriffe *colonialidad del saber* (Kolonialität des Wissens) und *geopolítica del conocimiento* (Geopolitik des Wissens). In seinem Buch über das Kommunalsystem hält sich Félix Patzi in hohem Maß an Quijano und Mignolo; dabei ignoriert er die kataristischen Ideen über den internen Kolonialismus, die es in den 1980er Jahren bereits gab; sogar bereits in den 1960er Jahren, im bahnbrechenden Werk von Fausto Reinaga.

Die Ideen gleiten wie Flüsse, vom Süden in den Norden, und sie verwandeln sich in Seitenarme großer Gedankenströme. Aber wie auf dem Weltmarkt der Waren verlassen die Ideen das Land als Rohstoff und kehren als erbrochenes, gemischtes Endprodukt zurück. So entsteht der Kanon eines neuen Fachgebietes im sozialwissenschaftlichen Diskurs: das ›postkoloniale Denken‹. Dieser Kanon beleuchtet bestimmte Themen und Quellen und lässt andere im Dunkeln. Javier Sanjinés schreibt ein ganzes Buch über Mestizaje in Bolivien und ignoriert dabei auf beispiellose Weise die bolivianische Debatte über genau dieses Thema. Kooptation und Mimesis, Mimesis und Kooptation, selektive Ideeneinbindung – die Auswahl erfolgt danach, welche Ideen wertvoller für den salonfähigen Multikulturalismus sind, entpolitisiert und bequem, der es erlaubt, exotische Masken im Wohnzimmer anzuhäufen und ganz oben über zukünftige öffentliche Reformen mitzudiskutieren. Ist es zu glauben, dass sogar die Namen der Ministerien bei der Staatsreform von Gonzalo Sánchez de Lozadas erster Regierung – einschließlich der Amtseinführung des emblematischen indigenen Vizepräsidenten Víctor Hugo Cárdenas – von den UNDP-Büros (Entwicklungsprogramm der Vereinten Nationen) und von den von Fernando Calderón organisierten Treffen vorgeschlagen wurden?

Ich glaube, dass der Multikulturalismus von Mignolo und Freunden die Dekolonisierungspraktiken neutralisiert, indem in der akademischen Welt der begrenzte und illusorische Bereich der Diskussion über Modernität und Dekolonisierung gestellt wird. Kooptationen dieser Art neutralisieren, wenn sie nicht auf die innere Dynamik der Subalternen achten. Sie zapfen die Energie und Verfügbarkeit indigener Intellektueller ab; Brüder und Schwestern, die versucht sein könnten, lediglich Bauchreden und verworrene Konzepte zu reproduzieren, die sie von ihren Wurzeln und von ihren Dialogen mit den mobilisierten Massen abhalten.

5.

Der Titel dieses Essays ist *ch'ixinakax utxiwa*. Darüber hinaus existiert die Welt des Ch'ixi.[59] Ich persönlich begreife mich nicht als *q'ara* (kulturell nackt, Eindringling in das Fremde), da ich meinen doppelten Ursprung, Aymara und Europäerin, vollkommen annehme und da ich durch meine eigene Kraft lebe. Deswegen begreife ich mich als *ch'ixi* und ich halte diesen Begriff für den angebrachtesten, um die bunte Mischung der sogenannten Mestiz*innen zu beschreiben. Das Wort ch'ixi hat mehrere Bedeutungen: eine Farbe, die sich aus der Gegenüberstellung ergibt, kleine Punkte oder Flecken, die sich aus zwei komplementären oder kontrastierenden Farben ergeben: Schwarz und Weiß, Rot und Grün, etc. Marmoriertes Grau ist dann z.B. das Ergebnis der unbemerkten Mischung von Weiß und Schwarz. Die Wahrnehmung wird auf diese Weise zwar verwirrt, aber die Farben mischen sich real niemals in Gänze.

Ch'ixi beruht wie viele andere Begriffe *(allqa, ayni)* auf der Idee der Aymara, dass etwas gleichzeitig ist und nicht ist; es folgt der Logik des Dritten, das darin enthalten ist. Die Farbe Ch'ixi-Grau ist weiß und gleichzeitig nicht weiß; weiß, aber auch schwarz, ihr genaues Gegenteil. Ein weiteres Beispiel ist der Ch'ixi-Stein, in dessen Innerem mythische Tiere wie Schlange, Eidechse, Spinnen oder Kröten versteckt sind; Ch'ixi-Tiere die lang vergangenen Zeiten angehören, *jaya mara*, Aymara. Boten aus Zeiten der Indifferenz, als die Tiere mit den Menschen redeten.

---

59 Dieser Teil der Konferenz wurde auf Aymara gehalten. Nach einer kurzen Einführung gab es eine Diskussion mit Aymara-Sprechenden aus dem Publikum, die wir hier aus Platzgründen nicht wiedergeben. Im Folgenden fasse ich die wichtigsten Ideen, die aus meiner Präsentation und der Diskussion entstanden sind, zusammen und übersetze sie ins Spanische.

Die Macht des Indifferenten ist, dass es die Gegensätze vereint. So wie der Berg Allqamari Weiß und Schwarz in perfekter Symmetrie vereint, vereint Ch'ixi die indigene Welt mit ihrem Gegenteil, ohne sich jemals damit zu vermischen. Das dazugehörige Heteronym, *chhixi*, verweist wiederum auf die Idee der Vermischung, auf einen Verlust an Substanz und Energie. Chhixi wird das Holz genannt, das sehr schnell verbrennt, zu nachgiebig und aus verschiedenen Hölzern zusammengeleimt ist. Dazu passt der Modebegriff der kulturellen Hybridität in der Light-Version; konform mit der gegenwärtigen kulturellen Herrschaft.

Der Begriff der ›Hybridität‹ von García Canclini ist eine Metapher aus der Genetik, die Sterilität bedeutet. Das Maultier ist eine Hybridspezies, die sich nicht reproduzieren kann. Die Hybridität nimmt an, es sei möglich, dass aus der Mischung von zwei verschiedenen Dingen ein drittes, komplett neues entstehen kann; eine dritte Raza oder eine soziale Gruppe, die es vermag, die Merkmale ihrer Vorfahren in einer harmonischen und vor allem neuen Mischung zu fusionieren. Der Begriff *ch'ixi* allerdings entspricht dem Konzept der »bunten Gesellschaft« von Zavaleta; die Koexistenz vieler kultureller Unterschiede, die nicht verschmelzen, sondern entweder im Widerspruch stehen oder sich komplementieren. Jeder Unterschied reproduziert sich selbst aus der Tiefe der Vergangenheit hinaus und verbindet sich mit anderen in ansteckender Art und Weise.

Die Möglichkeit einer tiefgreifenden Kulturreform in unserer Gesellschaft hängt von der Dekolonisierung unserer Gesten, unserer Taten und der Sprache ab, mit der wir über die Welt sprechen. Die Wiederaufnahme des Bilinguismus als dekolonisierende Praktik wird es erlauben, ein ›Wir‹ als Sprecher*innen und Produzent*innen von Wissen zu schaffen, woraufhin später von gleich zu gleich kommuniziert werden kann; mit anderen Schwerpunkten im Denken und Strömungen aus der akademischen Forschung unserer Weltregion. Die Metapher des Ch'ixi geht von einem doppelten und umstrittenen Ahnen aus, abgelehnt durch die Prozesse der Kulturanpassung und die ›Kolonisierung des Imaginären‹, aber auch potenziell harmonisch und frei, durch die Befreiung unserer Indio-Vorfahren und die Entwicklung von Formen der Kommunikation über Wissensherstellung.

Die Metapher der Hybridität suggeriert, dass wir ›in die Modernität eintreten und sie verlassen‹ können, als wäre es ein Fußballplatz oder ein Theater, nicht ein – gleichzeitig objektives und subjektives – Konstrukt an Gewohnheiten und Gesten, Arten der Interaktion und Ideen über die Welt. Der indigene Vorschlag für die Modernität basiert auf einem Verständnis der Staatsbürgerschaft, das nicht Homogenität, sondern Differenz sucht. Aber gleichzeitig ist es ein Projekt mit hegemonialem Anspruch, dazu fähig, sich auf politischer und staatlicher Ebene praktisch umsetzen zu lassen. Wir gehen davon aus, dass wir die Kapazitäten besitzen, um die Gesellschaft nach unseren Vorstellungen und gemäß unserer Art zu organisieren, ein interkulturelles, standhaftes Geflecht mit legitimen und stabilen Normen des Zusammenlebens. Dies impliziert die Herstellung einer Heimat für alle.

Eduardo Nina Qhispi von der indigenen Bewegung *Caciques Apoderados*[60] der 1920er und 1930er Jahre formulierte seine Utopie der ›Erneuerung Boliviens‹ zu einem Zeitpunkt, als die oligarchischen Eliten der Kolonialzeit mit kriegerischen Vorbereitungen beschäftigt waren, die letztlich auch die Führung der indigenen Gemeinschaften stilllegten, und stieß entsprechend auf taube Ohren. In seiner wünschenswerten Vision der Gesellschaft könnten Mestizen

60 Siehe letzter Essay in diesem Band. Für den Begriff Cacique Apoderado, siehe Apoderado im Glossar.

und Indios unter gleichen Bedingungen zusammenleben, durch die Annahme legitimer Formen des Zusammenlebens auf der Grundlage von Gegenseitigkeit, Umverteilung und Autorität als Dienstleistung. Die Indios könnten in dieser Vision auch ihre kulturellen Vorstellungen von demokratischer Koexistenz und guter Regierungsführung verbreiten und adaptieren, um neue Formen von Gemeinschaft und gemischten oder Ch'ixi-Identitäten zuzulassen, mit denen sie in einem Austauschprozess kreativ über Wissen, Ästhetik und Ethik kommunizieren würden.

In diesem Bereich ist der Begriff der Identität im territorialen Sinne männlich, und die Organisationsformen, die die Pueblos Indígenas in Bolivien angenommen haben, sind immer noch durch den kolonialen Stempel der Ausgrenzung von Frauen gekennzeichnet. Der Begriff der Identität der Frauen ähnelt dem Gewebe. Weit davon entfernt, das Eigentum und die Gerichtsbarkeit der nationalen Autorität – oder des Volkes oder der indigenen Autonomie – zu etablieren, webt die Praxis der Frauen das Gewebe der Interkulturalität durch ihre Praktiken: als Produzentinnen, Händlerinnen, Weberinnen, Priesterinnen, Schöpferinnen von Sprachen und Symbolen, die in der Lage sind, das ›Andere‹ zu verführen und Pakte der Gegenseitigkeit und des Zusammenlebens zwischen verschiedenen Menschen zu schließen. Diese verführerische, akkulturierende und einbeziehende Arbeit der Frauen ermöglicht es, das Heimatland durch ein dynamisches kulturelles Gefüge zu ergänzen, das sich entfaltet und reproduziert, um die Grenzen und gemischten Sektoren – die ch'ixi-Sektoren – einzubeziehen, die mit ihrer Vision von persönlicher Verantwortung, Privatsphäre und den mit der Staatsbürgerschaft verbundenen individuellen Rechten zu dieser Arbeit beitragen. Die Modernität, die sich aus diesen vielfältigen Abmachungen und komplexen und gemischten Sprachen – Gamaliel Churata nannte sie »eine Sprache mit Heimat« – ergibt, ist die Grundlage für die indigene Hegemonie, da sie in den Räumen stattfindet, die von der eindringenden Kultur – dem Markt, dem Staat, der Gewerkschaft – geschaffen werden. Dabei entsteht ein Projekt der Moderne, das organischer und spezifischer ist als die aufgezwungene Modernität der Eliten, Karikaturen des Westens, die wie Bauchredner von Konzepten und Theorien, von akademischen Strömungen und Weltanschauungen leben, die aus dem Norden oder Nebenflüssen der hegemonialen Machtzentren nachgemacht wurden. Der dekolonisierende Gedanke, der es uns erlauben wird, dieses erneuerte Bolivien aufzubauen, wirklich multikulturell und dekolonisiert, beginnt mit der Bestätigung jenes zweisprachigen, bunten und ch'ixi-›Wir‹, das als Kultur, Theorie, Erkenntnistheorie, Staatspolitik und auch als eine neue Definition von Wohlbefinden und ›Entwicklung‹ fungieren wird. Die Herausforderung dieser neuen Autonomie besteht darin, Süd-Süd-Bindungen aufzubauen, die es uns ermöglichen, die grundlosen Dreiecke der Politik und Wissenschaft des Nordens zu durchbrechen und unsere eigene Wissenschaft im Dialog untereinander und mit den Wissenschaften der Nachbarländer aufzubauen, unsere Verbindungen zu den theoretischen Strömungen Asiens und Afrikas zu bekräftigen und die hegemonialen Projekte des Nordens mit der neuen Kraft unserer alten Überzeugungen zu konfrontieren.

Bibliografie

Barragán, Rossana, »Entre polleras, lliqllas y ñañacas. Los mestizos y la emergencia de la tercera república«, in: Arze, Silvia; R. Barragán; Laura Escobari y Ximena Medinacelli. *Etnicidad, economía y simbolismo en los Andes. II Congreso Inernacional de Etnohistoria, Coroico.* La Paz, HISBOL-IFEA-SBH/ASUR, 1992.

Bloch, Ernst, »Efectos políticos del desarrollo desigual«, in: Kurt Lenk (Hrsg.), *El concepto de ideología.* Buenos Aires, Amorrortu, 1971. [Kurt Lenk (Hrsg.), *Ideologie. Ideologie und Wissenssoziologie.* Neuwied, Hermann Luchterhand Verlag, 1961.]

Chatterjee, Partha, *Our modernity.* Amsterdam-Rotterdam-Dakar, SEPHIS-CODESRIA, 1997.

Churata, Gamaliel, *El pez de plata. Recuerdos del laykakuy.* La Paz, Canata, 1950.

Fabian, Johanes, *Time and the other: How anthropology makes its object.* Nueva York, Columbia University Press, 1982.

Ferraroti, Franco, *Histoire et histoires de vie.* París, PUF, 1982.

Foucault, Michel, *La arqueología del saber.* México, Siglo XXI, 1970.

García Canclini, *Culturas híbridas. Estrategias para entrar y salir de la modernidad.* México, Siglo XXI, 1989.

González Casanovas, *Sociología de la explotación.* México, Grijalbo, 1969.

Guha, Ranajit, »La prosa de contrainsurgencia«, in: Rivera, Silvia y Rossana Barragán (eds.), *Debates postcoloniales. Una introducción a los estudios de la subalternidad.* La Paz, Aruwiyiri, Historias, SEPHIS, 2000.

Halbwachs, Maurice, *La memoire collective.* París, PUF, 1981 [1950].

Kymlica, Will, *Ciudadanía multicultural: una teoría liberal de las minorías.* Barcelona, Paidós, 1996.

Mamani Condori, Carlos, *Taraqu 1866-1935. Masacre, guerra y »renovación« en la biografía de Eduardo L. Nina Qhispi.* La Paz, Aruwiyiri, 1991.

Mignolo, Walter, »Diferencia colonial y razón postoccidental«, in: Santiago Castro-Gómez (ed.), *La reestructuración de las ciencias sociales en América Latina.*Bogotá, Universidad Javeriana, 2000.

Numhausen, Paulina, *Mujeres indias y señores de la coca. Potosí y Cuzco en el siglo XVI.* Madrid, Cátedra, 2005.

Patzi, Félix, *Sistema comunal. Una alternativa al sistema liberal.* La Paz, CEEA, 2004.

Rivera, Silvia, »Rebelión e ideología«, in: *Historia Boliviana*, No. 2, La Paz, 1982.

– »La identidad de un mestizo. Acerca de un documento anarquista de 1929«, in: *Contacto*, Nro. 11, La Paz, 1988.

– »Mestizaje colonial andino. Una hipótesis de trabajo«, in: *Violencias (re)encubiertas en Bolivia*. La Paz, La Mirada Salvaje y Piedra Rota, 2010.

– »Mirando los problemas de las llamadas izquierdas«, in: Div., *Las izquierdas en México y América Latina. Desafíos, peligros y posibilidades.* México, Fundación Heberto Castillo Martínez, A.C., 2004.

Said, Edward W., *Orientalismo.* Madrid, Debate, 2002.

Sanjinés, Javier, *El espejismo del mestizaje.* La Paz, IFEA, Embajada de Francia y PIEB, 2005.

Spivak, Gayatri Chakravorty, *In other worlds. Essays in cultural politics.* Nueva York y Londres, Routledge, 1987.

Taller de Historia Oral Andina, *El indio Santos Marka T'ula, cacique principal de los ayllus de Qallapa y apoderado general de las comunidades originarias de la República.* La Paz, THOA-UMSA, 1984.

– *Mujer y resistencia comunaria: historia y memoria*. La Paz, HISBOL, 1986.

Thomson, Sinclair, *Cuando sólo reinasen los indios. Política aymara en la era de la insurgencia.* La Paz, Muela del Diablo-Aruwiyiri, 2007.

Walsh, Catherine, Freya Schiwi, Sara Castro Gómez (Hrsg.), *Indisciplinar las ciencias sociales. Geopolíticas del conocimiento y colonialidad del poder. Perspectivas desde lo andino.* Quito, Abya-Yala-UASB, 2002.

Editorische Anmerkungen

chixinakax.wordpress.com

Dieses kleine Buch, fast ein Pamphlet, soll ein Beitrag mit Tinte und Papier innerhalb eines breiteren, offenen Prozesses sein. Mit chixinakax.wordpress.com wollen wir die Gründe für die Konzeption dieses Buches aufzeigen, warum es genau so geworden ist, sowie Zukunftsaussichten ausmalen; zwei Aspekte, die das Buch in gedruckter Form überfrachten würden.

chixinakax.wordpress.com enthält auch das Buch in digitaler Form, sodass es ganz oder teilweise geteilt werden kann und somit neue Leser*innen findet. Es ist auch offen für Kommentare, Präsentationsankündigungen, andere Texte der Autorin, Nachrichten über die Herausgeber, Bilder, die diesen Prozess begleiten ...

Kommen Sie vorbei, schauen Sie sich um und hinterlassen Sie einen Kommentar.

Editorial Retazos – editorialretazos.blogspot.com

Der Stoff wird gesammelt, geschnitten und die Reste werden weggeworfen, wenn sie nicht mehr brauchbar sind und nicht passen in die Formen derjenigen, die entwerfen und schneiden. Sie sind in einer Tüte mitten auf dem Pfad, einer über dem anderen, mit noch frischen Narben; diejenigen hingegen, die sich in diesen Formen befinden oder sie akzeptierten, sind im Prozess der Anfertigung, in einer Abfolge, die so schon seit Langem funktioniert; ein Modell, das ausschließt, ausbeutet und vorschreibt.

Wir finden diese Flicken, ausgeschlossen und im Exil, auf dem Pfad liegend.

Es stellt sich heraus, dass sie dennoch Teil des Ganzen bleiben.

Nun finden diese Flicken verschiedene Formen, um sich nicht nur als solche zu begreifen, sondern es bildet sich auch ein neues Ganzes aus ihnen, den Ausgeschlossenen, den Exilierten.

Ein Ganzes, das im Gegensatz zu anderen Ganzen, die anderen Flicken miteinbezieht, zusammenhält und stützt.

Andere Flicken voller Leben, Träume, Vorstellungen, Frustrationen, Wünsche, Aufstände und Kämpfe.

Jetzt sind wir Flicken dazu bereit, mehrere Ganze zu erschaffen, um die Form zu besiegen.

Zerstören wir die Form, um das Modell zu beenden!

Tinta Limón Ediciones – tintalimon.com.ar

Tinta Limón Ediciones ist eine kollektive und selbstverwaltete Verlagsinitiative und solchen Texten verpflichtet, die eine konzertierte Anstrengung erfordern, um verständlich zu sein. Wenn die Zitronentinte eine der Möglichkeiten der heimlichen Schrift war, brauchen wir sie heute erneut, kombiniert mit einer zeitgemäßen Forderung: dem Offensichtlichen zu entkommen und die Gedanken daran zu orientieren, wie wir täglich neue Erfahrungen schmieden. Eine neue Klandestinität also, um neuen Gefängnissen auszuweichen: jenen, die uns in der Verharmlosung dessen, was bis gestern Instrumente des Kampfes waren, in der Zerstörung des Gemeinsamen und in der Normalisierung unseres Lebens halten. Zitronentinte erfordert immer ein Werk der Sichtbarkeit: ein Werk, das eine politische Erzählung hervorbringt, ein Weben von Begriffen und eine Bewegung des Denkens, die neue schafft. Sprachen für neue Praxen. Das zu benennen, was bis dahin noch kein Wort hatte.

Der Begriff der ›Rechte‹ und die Widersprüche der postkolonialen Moderne

Pueblos Indígenas und Frauen in Bolivien

übersetzt von Emin Günaydin und Maria Cárdenas

In diesem Artikel wird der Versuch unternommen, aus einer gendersensiblen Lesart die Rechtsgeschichte Boliviens zu hinterfragen, um eine Diskussion über die ›Rechte indigener Völker‹ anzuregen, die meines Erachtens eine enge Beziehung mit den ›Rechten der Frau‹ (ob indigene, *Cholas*, *Birlochas* oder *Refinadas*) aufweisen.[61] Als Erstes werde ich mich auf die Aspekte des juristischen Prozesses konzentrieren, in denen eine gebildete und weiß-männliche Schicht jene Dokumente hervorgebracht hat, die wir heute als die Gesetze der Republik kennen.

In Europa sind sowohl die Rechtsordnung als auch die moderne historische Gestaltung des sogenannten ›öffentlichen Raums‹ in den Idealen der Renaissance und der Aufklärung verankert, wobei der Mensch als universelles (männliches) Rechtssubjekt wiedergeboren wird. Bis heute bedeutet der Begriff ›Menschenrechte‹ nicht mehr als das, was im 18. Jahrhundert ›die Rechte des Mannes‹ (*droits de l'homme*) genannt wurden. Jacques Derrida und Judith Butler haben hierauf bereits hingewiesen, als sie über eine

61 Der Begriff *Cholo/a* wird für Indigene verwendet, die in städtischen Gebieten zwischen kulturellen Räumen der Mestizen und der indigenen Identität leben. Der Begriff *Birlocha* bezieht sich auf *Chola*-Frauen, die den Kleidungsstil und die Bräuche der *Mestizas* annehmen. Rivera bezeichnet im Scherz die Oberschicht und formal gebildete Frauen als *Refinadas* (im Sinne von ›fein‹). Für die Begriffe *Cholo, Chola, Birlocha* und *Refinada*, siehe Glossar

›phallogozentrische‹ Version des modernen Subjekts, des erleuchteten Individuums, schrieben.[62] Es ist diese Darstellung des modernen Individuums, die in die europäische Geschichte eingeschrieben ist und im Verlauf der letzten Jahrhunderte durch multiple Prozesse der politischen, militärischen und kulturellen Hegemonie dem Rest der Welt aufgedrängt wurde.

Hierdurch war einer der ersten Akte der Kolonisierung geschlechtsspezifisch: Die Idee der (Menschen-)Rechte war bereits von Beginn an durch die formale und reale Unterordnung der Frauen im Haushalt geprägt, beherrscht durch den *pater familias*. Rossana Barragán hat gezeigt, wie die bolivianischen Gesetzgeber in der frühen Republik dieses viktorianische Familienmodell kopierten und adaptierten, und es damit einer viel älteren Habitus- und Repräsentationsmatrix überstülpten[63]. Dieses neue implizite Bild der Beziehungen zwischen den Geschlechtern beinhaltet, dass (1) Männer als alleinige öffentliche Repräsentanten der ›Familie‹ fungieren und Ehefrauen und Kinder deren Autorität untergeordnet werden. Dies spiegelt sich auch in dem Begriff des *patria potestad*[64] wider. (2) Frauen dürfen sich ausschließlich reproduktiven und dekorativen Aufgaben widmen und werden ihres Willens, über sich selbst zu entscheiden, entfremdet; ihre Handlungsmacht wird geleugnet und ihre öffentlichen Stimmen zum Schweigen gebracht (So wurde die Idee von

62 Siehe Vorwort zu Judith Butler, Gender Trouble: Feminism and the Subversion of Identity (London: Routledge, 1990).

63 Rossana Barragán, »El espíritu de la modernidad boliviana: Ciudadanía, infamia y jerarquía patriarcal,« Vortrag auf dem von Sephis (Süd-Süd-Austauschprogramm für entwicklungsgeschichtliche Forschung) veranstalteten Seminar über Nationalität, Ethnizität und Bürgerschaft, New Delhi, 6-8 Februar 1996. Nachfolgend als EM bezeichnet.

64 Siehe Glossar.

›öffentlichen Frauen‹ zu einem grausamen semiotischen Widerspruch, der implizierte, dass die einzige ›öffentliche‹ Handlung, die eine Frau durchführen könnte, die Vermarktung ihres eigenen Geschlechts ist, und stellt somit das Gegenstück zum weiblichen Ideal dar); und (3) Jugendliche und Kinder werden der vertikalen Autorität Erwachsener, hauptsächlich des Vaters, unterworfen.

Die liberalen Reformen, die am Ende des 19. Jahrhunderts eingeführt wurden, verstärkten diese patriarchalischen Vorstellungen, indem sie sie durch neue Gesetze und Verhaltensregeln untermauerten. Die Reformen schrieben eine Vielzahl von täglichen Praktiken und eine Idee von ›Menschenrechten‹ fest, die auf der Unterwerfung von Frauen beruht und über Restriktionen, rechtliche Ausgrenzungen und vorsintflutliche Einstellungen begründet und aufrechterhalten wird und schließlich dazu führt, dass die ›Menschenrechte‹ nicht auf das weibliche Geschlecht angewendet werden. Zum Beispiel wurde häusliche Gewalt bis 1995 laut den neuen liberalen Gesetzen nur dann bestraft, wenn das Opfer einen Krankenhausaufenthalt oder eine Genesung von mindestens 30 Tagen benötigte![65] Ein historisches Beispiel dieser Unterwerfung, von der nicht nur die Frauen betroffen sind, ist die institutionalisierte Ungleichheit, die im Eigentums- und Erbrecht eingeschrieben sind: Praktiken wie das Recht des Erstgeborenen, die ungleiche Stellung zwischen legitimen und unehelichen Kindern sowie eine Erbfolge wurden somit vom unabhängigen Staat festgeschrieben.[66] Juristische Figuren wie die patria postedad sind der lebende Beweis für

65 Es ist kaum zu glauben, dass dieses Gesetz bis zu den Reformen von 1995 in Kraft blieb.

66 Rechtsbegriffe wie die patria potestad sind die lebende Inkarnation eines noch archaischeren und patriarchalischeren Gesetzes, das in den multiplen normativen Produkten des kolonialen Katholizismus enthalten ist, wie Barragán in EM gezeigt hat.

ein archaisches und patriarchales Recht, das den unzähligen Normen des kolonialen Katholizismus innewohnt. Wenngleich die juristische Rhetorik 1874 die Gleichheit der indigenen Bevölkerung formal anerkannte, so diente dies doch nur dazu, die Fortsetzung der Struktur des republikanischen Habitus zu verschleiern, der auch weiterhin die unsichtbare Achse der ›zwei Republiken‹ (eine Republik der Untertanen, und eine Republik der Souveränen) aufrechterhielt.[67]

In der Tat haben Frauen und Indigene durch die Bekanntgabe des allgemeinen Wahlrechts nach der Revolution von 1952, vor noch nicht allzu langer Zeit also, auch nur Zugang zu einer herabwürdigenden und eingeschränkten Form der Staatsbürgerschaft erhalten.

Geschichtlicher Zusammenhang zwischen kolonialer und patriarchaler Unterdrückung in Bolivien

Das letztgenannte Beispiel ermöglicht es uns, unserer Diskussion eine zweite thematische Achse hinzuzufügen. Wie kommt es, dass die Unterjochung von Frauen, die Unterdrückung indigener Bevölkerung und der Pueblos Indígenas und die Diskriminierung derer, die Merkmale der ursprünglichen Kulturen aufweisen, in die Subjektivität jedes Bewohners der bolivianischen Nation eingeschrieben ist?

Wie kommt es, dass jedes (individuelle und kollektive) Subjekt dieser »imagined community« (Anderson 1983) in den letzten Jahrzehnten als ein modernes Subjekt konstruiert

67 Der Begriff des Habitus wurde von Pierre Bourdieu in El Sentido Práctico verwendet, übers. Álvaro Pazos (Barcelona: Taurus, 1991). Im englischen veröffentlicht als *The Logic of Practice*, übers. Richard Nice (Stanford: Stanford University Press, 1990).

wurde, das sich durch Unterdrückung, Unterlassung und Ablehnung der psychischen Vorgeschichte auszeichnet?

Nehmen wir als Beispiel die Anden. Im Geschlechter-System der Anden-Gesellschaften – zumindest so, wie es ethnografische und ethnohistorische Forschung dokumentiert und rekonstruiert haben – hatten Frauen öffentliche und familiäre Rechte, die denen ihrer männlichen Altersgenossen mehr oder weniger gleichwertig waren, und erst in den letzten Jahrzehnten geschwächt wurden. So haben Arnold und Yapita gezeigt, wie die Moderne (die erst in den Siebziger Jahren durch Müttervereine nach *Ayllu Qaqachaka* kam), dazu beigetragen hat, ein Bild der Frau zu prägen, dass diese auf ihre Rolle als Mutter reduziert und ihr Wissen als Hirtinnen, Weberinnen und ihr Wissen über Rituale entwertet. Als Resultat heiraten die neuen Generationen der Qaqa sehr viel früher und Frauen haben mehr Kinder, um die Unterstützung und soziale Anerkennung zu bekommen, die sie angesichts der Krise der Viehzucht, des Rückgangs der Textilaktivitäten und der familiären Zerrüttung verloren haben. Angesichts der ansteigenden Abwanderung der Qaqa in die Städte und in das Coca-Anbaugebiet von Chapare ist es zudem eine patriarchale Strategie der Qaqa-Männer, jedes Jahr ihre Frauen zu schwängern, um so die Kontrolle über ihre Fruchtbarkeit aufrecht zu halten (Arnold und Yapita, 1996, Arnold 1994).[68] Dieses Beispiel zeigt, dass die

68 Siehe Denise Arnold und Juan de Dios Yapita, »Aspectos de génereo en Qaqachaka: Maternidad, textiles y prácticas textuales alternativas en los Andes«, in *Ser mujer indígena, chola o birlocha en la Bolivia postcolonial de los 90*, ed. Silvia Rivera (La Paz: Subsecretaría de Asuntos de Género, Ministerio de Desarrollo Humano, 1996). Dieser Band wird nachfolgend als SM bezeichnet. Vergleiche auch mit Denise Arnold, *Hacer al hombre a imagen de ella: Aspectos de género en los textiles de Qaqachaka*, Chungará: Revista de Antropología Chilena 26.1 (1994): 79–115.

Verwestlichung und die Patriarchalisierung der Geschlechterbeziehungen als zwei parallele Prozesse angesehen werden müssen (Rivera 1996).

Diese Praktiken zeigen uns allerdings auch die schleichende Internalisierung des hegemonialen Familienmodells in den Strukturen der indigenen Gemeinden und der schnelle Wandel der demografischen, sozialen und kulturellen Verhaltensweisen dieser Gemeinden, die nur oberflächlich in die bolivianische ›Modernität‹ integriert wurden.

Das Geschlechter-System der Anden ist – oder war – durch ein dynamisches und in konstanter Aushandlung stehendes Gleichgewicht bestimmt, das sich normativ am Modell des Anden-Paares orientiert. Diese Beziehung zwischen den Geschlechtern wurde in einem System der bilateralen Zugehörigkeit und Vererbung begründet, welches die Grundlage der indigenen *polis* bildet(e). Das bilaterale Erbschaftssystem ermöglicht(e) es Töchtern, Güter und Rechte entlang der Mutterlinie zugesprochen zu bekommen (bis vor Kurzem bedeutete dies nicht formelles Eigentum, sondern nur das Recht auf Landnutzung), während Söhne andere Güter und Eigentumsrechte entlang der väterlichen Linie erb(t)en. Ein Erwachsener oder eine Erwachsene wird als Person sozial anerkannt, wenn er oder sie in einer Partnerschaft ist. Sein oder ihr Ansehen steigt bzw. stieg im Laufe des Lebenszyklus der Familie und mit dem Heranwachsen der Kinder, ihrer Einbettung in die Arbeit und der Übernahme einer Reihe von rituellen und produktiven Pflichten (die als *Thaki* oder ›Weg‹ zum Erwachsenwerden bekannt sind). Auch das intergenerationale Gleichgewicht war (ist) anders, da das andine Erbschaftssystem das jüngste Kind (Sohn oder Tochter) begünstigt: Sie erhalten oder erhielten Acker- und Weideflächen sowie das Familienhaus als Ausgleich dafür, dass sie eigene Migrations- oder Bildungsbestrebungen geopfert haben, um die alternden Eltern zu unterstützen. Entsprechend einer symbolischen Ordnung, welche die Mann/Frau-Dichotomie auf den weiteren Bereich der Natur und den Zeit-Raum-Kosmos projiziert, genießen bzw. genossen Frauen ebenso wie Männer das Recht, Rituale auszuüben.

Auf der kleinsten Ebene der Gemeinde oder der Ayllu tragen bzw. trugen Frauen zur Schaffung und Umsetzung von symbolischen und verwandtschaftlichen Systemen bei und nutz(t)en ihre Stimmen dazu, das kommunale *Cargo*-System[69] von innen heraus zu gestalten. Obwohl seit der Einführung von kolonialen *Cabildos*[70] oder Gemeinde- und Stadträten Männer für gewöhnlich die Familie bei Versammlungen vertraten (eine Praxis, die in den heutigen Gewerkschaften fortbesteht), ist es den Frauen dennoch gelungen, einen autonomen Raum sozialer und politisch-symbolischer Macht zu erhalten. Dies gelang, indem sie entscheidende produktive Aufgaben erfüllten, den Haushalt und die Arbeitsteilung organisierten und ihre Rollen als Weberinnen und Priesterinnen beibehielten. Sie waren nie vollständig von den Bereichen der normativen Werteproduktion und der öffentlichen Meinungsbildung in der Ayllu oder in deren fragmentierten Form, der ›indigenen Gemeinde‹, getrennt.

Die frustrierende und widersprüchliche Natur der bolivianischen Moderne – einschließlich des modernen Rechtssystems – hat dieses komplexe Geschlechtersystem in die Krise getrieben und droht, das empfindliche Gleichgewicht und die Mechanismen zu zerstören, die seine interne Reproduktion bestimmen.

Diese Veränderungen in den Andenpraktiken weisen auf die langsame Internalisierung eines hegemonialen Familienmodells in das indigene Gemeinschaftsleben hin sowie

69 Siehe Glossar.

70 Siehe Cabildo im Glossar.

auf den raschen Wandel des Verhaltens – demografischer, sozialer und kultureller Art –, dem diese Gemeinde in der zweiten Hälfte des 20. Jahrhunderts als Ergebnis ihrer unvollständigen und illusorischen Teilnahme an der bolivianischen ›Moderne‹ ausgesetzt war. Der Modernisierungsprozess als Ganzes hat zu einer verstärkten Patriarchalisierung der indigenen Gesellschaften geführt. Dabei ist aufgrund der zunehmenden Verhandlungen und den Spannungen zwischen dem als heilig erachteten Bereich der Rechte einerseits und den von den kolonialen und republikanischen Regimes auferlegten Rechtsnormen andererseits eine Kluft zwischen staatlichem Recht und einem bunt gemischten Gemeinschaftsrecht entstanden. Diese Situation verschlechtert ständig die wirtschaftlichen Bedingungen für die Mehrheit der Bevölkerung (ein Prozess, der im reformistischen Jargon der Nachjustierung als ›Feminisierung‹ oder ›Indianisierung‹ der Armut bezeichnet wird), sodass prekäre Arbeitsbedingungen und Marktungleichheiten Hand in Hand gehen mit politischer Enteignung und Menschenrechtsverletzungen. Diese historischen und anhaltenden Verwerfungen, zusammen mit den Versuchen, indigene und kommunale Rechte wiederzuerlangen, bieten einen Rahmen, um auf die gegenwärtige Lage für Frauen und Indigene aufmerksam zu machen.

Eine Gesellschaft der gebildeten Männer: Der Kampf um Land und Territorium

Ich habe an anderer Stelle ausgeführt, dass das Modell der Staatsbürgerschaft, das ab den fünfziger Jahren in Bolivien hegemonial wurde, tatsächlich ein kulturelles ›Paket‹ von Verhaltensvorschriften war, indem der Staatsbürger ausnahmslos ein urbaner junger Mann war, gekleidet in einen maßgeschneiderten Anzug, der das Verhalten der verwestlichten Elite imitierte.[71] Die erste Version dieses Modernisierungsprojekts wurde im Gesetz zur Aufteilung von Kollektivland (*Ley de Exvinculación*[72]) zum Ausdruck gebracht, wonach das einzige Bürger-›Recht‹, mit dem erwachsene indigene Männer ausgestattet waren, darin bestand, den Zugang ihrer Familien zu Gemeinschaftsgrundstücken zu verkaufen. Nach der Genehmigung durch die Regierung von Tomás Frías im Oktober 1874 begannen die alten und neuen *Hacendados* (Gutsbesitzer) ihre *Haciendas* (große Güter mit Sklavenarbeit) in Zusammenarbeit mit der Armee, paramilitärischen Banden und lokalen Autoritäten, die in Mestizo-Dörfern rekrutiert wurden, auszuweiten und benutzten die Buchstaben des Gesetzes, um die brutale Natur der Zwangskonfiszierung von indigenem Land zu verbergen. Am schlimmsten allerdings war es, dass durch das Gesetz das System der Familiengemeinden oder »Ayllos« (sic) »ausgelöscht« werden sollte und dass Caciques, *Kuraqas* oder anderen ethnischen Autoritäten untersagt wurde, ihre Gemeinden vertreten zu dürfen.[73] Stattdessen sollte eine ›Vollmacht‹ (*poder general*) an gebildete Apoderados[74] vergeben werden, um die indigene, bildungsferne und nicht alphabetisierte Welt zu vertreten. Durch die frühen Apoderados wurde geschickt Übersetzung und Verrat kombiniert, und so die Enteignung von fast zwei Dritteln des Landes,

71 Siehe zum Beispiel Silvia Rivera Cusicanqui, »Mestizaje colonial andino: Una hipótesis de trabajo«, in *Violencias encubiertas en Bolivia, vol. 1: Cultura y política*, ed. Xavier Albó and Raúl Barrios (La Paz: CIPCA, 1993) und Zulema Lehm and Silvia Rivera, *Los artesanos libertarios y la ética del trabajo* (La Paz: Ediciones del THOA, 1988).

72 Siehe Glossar.

73 Siehe Glossar.

74 Siehe Glossar.

das die Andengemeinden im Westen Boliviens besaßen, ermöglicht. Allein in der Provinz Pacajes wurden zwischen 1881 und 1920 mehr als siebzigtausend Hektar illegal von den Ayllus auf die Haciendas übertragen.[75]

Das Studium der indigenen Widerstandskämpfe während der liberalen Phase zeigt die Spuren eines Rechtssystems, das die hartnäckige Infragestellung der liberalen Gesetze durch die indigene Führung vor lokalen und nationalen Gerichten legitimierte. Es ist wichtig, dass wir uns erinnern, dass die Menschenrechte einem kolonialen Horizont und einer prähispanischen ethischen Ordnung übergestülpt wurden.[76] Die koloniale Gesetzgebung hatte ein gewisses Maß an Autonomie und Selbstverwaltung der Allyus anerkannt, basierend auf dem spanischen Konzept der getrennten *Fueros*[77] und Gerichtsbarkeiten, durch das die allgemeinen Beziehungen zwischen Indigenen und Spaniern geregelt wurden. In den *Leyes de Indias* wurden diese Normen durch die Rechtsauffassung von den ›zwei Republiken‹ ausgedrückt.[78] Nach

---

75 Siehe beispielsweise Silvia Rivera Cusicanqui, *La expansión del latifundio en el Altiplano boliviano: Elementos para la caracterización de una oligarquía regional*, Avances 2 (1978).

76 *Taller de Historia Oral Andina (THOA), El indio Santos Marka T'ula, cacique principal de los ayllus de Qallapa y apoderado general de las comunidades originarias de la República* (La Paz, Ediciones del THOA, 1988), nachstehend zitiert als IS; Carlos Mamani, *Taraqu 1866–1935: Masacre, guerra y 'renovación' en la biografía de Edu- ardo L.* Nina Qhispi (La Paz: Aruwiyiri, 1991), nachstehend zitiert als TM; Leandro Condori and Esteban Ticona, *El escribano de los ca- ciques apoderados, Karikinakan Purirarunakan Qillqiripa* (La Paz: HISBOL-THOA, 1992).

77 Siehe Glossar.

78 Siehe Frank Salomon, »Ancestor Cults and Resistance to the State in Arequipa, 1748–1754«, in *Resistance, Rebellion, and Consciousness in the Andean Peasant World, 16th to 20th Centuries*, ed. Steve Stern (Madison: University of Wisconsin Press, 1987); siehe auch Juan Félix Arias, *Historia de una esperanza: Los*

diesem gesetzlichen Rahmen, der in der Praxis, wenn nicht gar dem Namen nach, die liberalen Reformen fortsetzte, war die indigene Gesellschaft eine separate Republik. Indigene waren die Bewohner*innen eines eroberten Raumes, die Untertanen eines Kolonialstaates, der ihnen ihre Rechte nahm und sie mit Pflichten überlastete. Jedoch deutete die gebildete Elite der indigenen Gemeinden und Ayllus die Idee der zwei Republiken um in eine Befreiungsstrategie zur Landverteidigung und politischen Autonomie, indem sie die koloniale Gesetzgebung der beiden Republiken als Rechtsinstrument nutzte, um die organisatorische Autonomie der Ayllus, *Markas*[79] und indigenen Gemeinden sicherzustellen. Um beispielsweise gegen die erzwungenen Landenteignungen republikanischer Hacendados zu argumentieren, griff die Cacique-Apoderado-Bewegung in den 1920er und 1930er Jahren auf die Bestimmungen des kolonialen Tributabkommens mit dem Vizekönig Toledo aus dem 16. Jahrhundert zurück: In einer Art Waffenstillstand mit kolonialen Hacendados hatten sich die Ayllus damals bereit erklärt, Tribut und Arbeit in den Potosí-Minen zu leisten, wenn die spanischen Krone im Gegenzug den Schutz ihrer Landrechte und anderer Ressourcen sowie den Schutz gegen die Übergriffe von Hacendados und Misshandlungen durch koloniale Autoritäten gewährleistete. Dieses ›Abkommen‹ beinhaltete auch die Anerkennung eines gewissen Maßes an politischer Autonomie und Selbstverwaltung. Die Bestimmungen dieses Abkommens zu verwenden, um ihren Widerstand gegen die liberalen Reformen des späten 19. Jahrhunderts zu bewirken, war eine Geltendmachung des juristischen Gedächtnisses und erinnerte den bolivianischen Staat daran, dass die im

apoderados espiritualistas de Chuquisaca, 1936–1964 (La Paz: Aruwiyiri, 1994), nachstehend zitiert als HE.

79 Siehe Glossar

Gesetz verkündete Gleichheit fiktiv war und tatsächlich dazu diente, einen kolonialen Habitus von Brutalität und Missbrauch zu verschleiern und zu verewigen.

Die Landenteignungen spielten sich als langwierige und ungleiche Konfrontation zwischen Hacendados – begünstigt von dem Gesetz zur Aufteilung von Kollektivland – und den indigenen Gemeinden aus fünf Regionen im andinen Bolivien ab. Letztere waren straff organisiert unter der Führung von Santos Marka T'ula, Feliciano Inka Marasa, Faustino Llanki, Mateo Alfaro und vielen anderen, die gemeinsam – mit Hilfe ihrer eigenen westlich gebildeten Berater – einen kohärenten juristischen Diskurs führten, der darauf abzielte, die koloniale Beschaffenheit der liberalen Reformen aufzudecken. Sie wiesen darauf hin, dass, obwohl Mitglieder des Parlaments blumige Proklamationen über Gleichheit und Staatsbürgerschaft vortrugen, die Armee und die von den Hacendados rekrutierten privaten Streitkräfte eine koloniale Kampagne der Enteignung von Land und politischen Rechten durchführten. Aus der Sicht der Caciques-Apoderados war Bolivien kein liberaler Staat, sondern ein Kolonialstaat.

Die Cacique-Apoderado-Bewegung entwickelte sich am Vorabend des Chaco-Krieges (1932–1935) zur *República del Kollasuyo*, einer Bewegung, die von Eduardo L. Nina Qhispe und vielen anderen lokalen Führern, die ihre Gemeinden in einem Gebiet vertraten, das mindestens fünf Provinzen Boliviens umfasste. Nach den Recherchen von Mamani war Nina Qhispe ein Aymara-Intellektueller – mit städtischen Erfahrungen und einer schriftstellerischen Begabung –, der sich die ›Erneuerung Boliviens‹ ausmalte (siehe TM). Die República del Kollasuyu hatte auch eine kollektive und pluralistische Führung, mit Vertretern nicht nur aus dem Hochland und den Tälern der Andenregion, sondern auch aus den Guarani-Gemeinden der Izozog-Region in Santa

Cruz. Von den 1950er bis in die 1970er Jahre waren die *Antiguos Caminantes*, *Apoderados Espiritualistas* und die *Alcaldes Mayores Particulares* indigene Bewegungen, die auf den Netzwerken und rechtlichen Fähigkeiten ihrer Vorgänger aufbauten bzw. diese nutzten. Der Kampf dieser indigenen Organisationen hatte eine ländliche und eine städtische Dimension, ebenso wie eine politische und kulturelle. Paradoxerweise forderten sie sowohl volle Rechte und de facto Gleichheit als Staatsbürger als auch, ihr Recht auf kulturelle Differenz, politische Autonomie und Freiheit der indigenen Gemeinden.[80] Aufgrund des doppelten Charakters ihrer Forderungen appellierten die indigenen Vertreter in ihrem legalen Kampf gleichzeitig an die koloniale Gesetzgebung der ›zwei Republiken‹, die ihnen Sonderrechte einräumte, wie auch an den Begriff der gleichberechtigten Staatsbürgerschaft, der formal durch die neuen Gesetze eingeführt worden war. Diese juristischen und rhetorischen Strategien, die zahlreiche dokumentarische Spuren hinterlassen haben, stellten den Widerstand der männlichen und gebildeten Eliten der Gemeinden in den Vordergrund und den leiseren, aber alltäglichen Widerstand der Frauen in den Schatten. Die indigenen und die staatlichen Versionen der kommunalen Landrechte betonten die Territorialität und befürworteten den Akt der Kartierung und Katalogisierung der indigenen Gesamtheit. Sie konstruierten ›das‹ Indigene als ein ländliches und rückständiges Subjekt, passiv und stagnierend, eingeschlossen in einer isolierten Gemeinde. Das Indigene sollte durch progressive Handlungen reformiert und von

80 Siehe HE und Silvia Rivera Cusicanqui, »Pedimos la revisión de límites: Un episodio de incomunicación de castas en el movimiento de caciques-apoderados, 1919–1921‹ (nachstehend zitiert als PR), *Reproducción y transformación en las sociedades andinas, siglos XVI–XX*, ed. Segundo Moreno and Frank Salomon (Quito: Abya Yala, 1992).

seinem feminisierten Status in einen männlichen und gebildeten transformiert werden.

Die Caciques-Apoderados standen vor den Spannungen und Herausforderungen, einen sozialen Vermittlungsraum zwischen zwei gegensätzlichen Rechtssystemen zu schaffen, um diese miteinander in den Dialog zu bringen und gleichzeitig die Forderungen der von der Expansion des Großgrundbesitzes betroffenen Gemeinden in Begriffe und Logiken zu übersetzen, die für alle verständlich waren. Sie mussten ihre juristische Strategie auf Grundlage des Kolonialabkommens (Land und Autonomie als Gegenleistung für Tribut und Arbeit) planen und zugleich die kommunale Wahrnehmung von Territorialrechten und politischer Autonomie im freiheitlichen Sinne beeinflussen. Mit anderen Worten, sie mussten nicht nur für beide Seiten übersetzen, sondern auch die Widersprüche in der republikanischen Gesetzgebung entdecken, auf denen die juristische Begründung der widerrechtlichen Aneignung ihrer Länder beruhten.

1883 hatten die Gemeindemitglieder von Paria, in den Hochebenen von Oruro, einen solchen Widerspruch entdeckt: Sie wussten, dass es vorteilhaft wäre, den Gesetzgebern ihre Landerwerbstitel aus der Kolonialzeit vorzulegen, welche die Gemeinde ab dem sechzehnten Jahrhundert von der spanischen Krone erworben und in Gemeinschaftsarchiven unter der Aufsicht der Ayllu-Behörden aufbewahrt hatten. Da sich nicht nur die indigenen Ayllus, sondern vorher bereits die Hacendados auf diese Landtitel berufen hatten, mussten die Gesetzgeber sie als gültig anerkennen und im Sinne des Gesetzes zur Aufteilung von Kollektivland zur Kenntnis nehmen. Um diese juristische Transferleistung zu vollenden, wurde das Gesetz vom 23. November 1883 verabschiedet, durch das jene Gemeinden, die ihr Land von der spanischen Krone gekauft hatten und daher kollektive

Landerwerbstitel vorweisen konnten, von der Abtretung des Gemeinschaftseigentums befreit wurden.[81]

Die juristische Figur des Privateigentums stellte somit eine Übersetzung des gemeinschaftlichen Kaufs von Landtiteln dar, die von kolonialen Ayllu-Vertretern (mallkus und kuraqas) des andinen Hochlands und der Täler bei Vergleichen mit den kolonialen Autoritäten erworben worden waren. Dank des Gesetzes von 1883 konnten die Ayllus privates Eigentumsrecht an ihrem Gemeindeland geltend machen. Angesichts der zu Beginn des 20. Jahrhunderts intensivierten Landenteignungen wurden diese kolonialen Titel verwendet, um das Erbrecht der *Caciques de sangre* als Nachfahren der kolonialen ethnischen Autoritäten zu legitimieren. Die Führung der Cacique-Apoderado-Bewegung fand somit ein schlagkräftiges juristisches Argument, um die offiziellen Kommissionen (*Mesas Revisitarias*) von 1881–1882 herauszufordern, die einzelnen Mitgliedern der Gemeinschaft ohne ihre Zustimmung und mit falschen Apoderados einzelne Landtitel verliehen hatten. Infolgedessen waren Gemeinden gezwungen gewesen, weite Landstriche in den gesamten Anden zu verkaufen. Wir wissen nicht, wie viel mehr Land die Gemeinden verloren hätten, wäre da nicht dieser hartnäckige juristische Kampf der Cacique-Apoderado-Bewegung gewesen, die letztendlich mehr als vierhundert Markas oder indigene Städte mit Tausenden von verbündeten Ayllus und Gemeinden umfasste, die hauptsächlich von Aymara- oder Qhichwa-sprechenden Bauern und Bäuerinnen bewohnt waren. Und wir wissen auch nicht, ob die Agrarreform von 1953 ohne die soziale Prägung der Cacique-Apoderado-Bewegung – als eine breite Bewegung, um Land und Autonomie für

81 Siehe zum Beispiel IS und PR.

bäuerliche und indigene Gemeinschaften zurückzugewinnen – überhaupt zustande gekommen wäre.

Was wir jedoch wissen, ist, dass die Erinnerung an die Strategien der indigenen Führer, die sich der Umwandlung Indigener in degradierte Bürger widersetzt hatten, eine wichtige Rolle bei der Bildung der modernen ethnischen Bewegung in der Aymara-Region in den 1970er und 1980er Jahren gespielt hatte.

Diese ›lange Erinnerung‹ an antikolonialen und antiliberalen Widerstand und juristische Debatten hat das indigene Wiederaufleben von heute geprägt. Die gegenwärtige Reorganisation des Landes nach ethnischen und territorialen Gesichtspunkten ist in diesen Prozessen des Widerstands und des politischen Handelns verwurzelt, die den verschiedenen aufeinanderfolgenden reformistischen Versuchen der bolivianischen Eliten gegenüberstehen. Die Erinnerung an die juristischen Kämpfe der Ayllus und die Bilder von Tupaq Katari (1781), Pablo Zárate Willka (1899) und die Caciques-Apoderados der 1920er Jahre sind in den Prozess eingeflossen, der letztlich zum Sturz des neoliberalen Regimes und zur Wahl von Evo Morales als erstem indigenen Präsident in der Geschichte Südamerikas geführt hat. Das Gewicht der territorialen Forderungen der indigenen Bewegung und die Bewilligung territorialer und politischer Autonomie für sechsunddreißig indigene Nationen des Hochlandes und des Tieflands in der neuen Verfassung, die im Februar 2009 angenommen wurde, zeugen von den Problemen und Konflikten in einem langen Prozess der Konfrontation mit dem kolonialen und republikanischen Regime. Die territorialen und von Männern angeführten indigenen Bewegungen von heute haben einen partiellen, aber gleichsam wichtigen Erfolg errungen, indem sie den liberalen und populistischen Staat aus einer Perspektive der Vielfalt herausforderten. Sie appellierten an das kollektive Gedächtnis und an die Anerkennung von vielfältigen Ethnien und forderten erfolgreich das Recht auf Diversität in der Wahrnehmung von Staatsbürgerschaft und in der Anerkennung des Menschseins ein. Das Aufzeigen dieser vielfältigen Staatsbürgerschaft hat jedoch nicht dazu geführt, kulturelle Unterschiede zu beseitigen, sondern hat diese im Gegenteil verstärkt und vervielfacht.

Pueblos Indígenas und neoliberale Reformen: Eine Mehrheit mit einem Minderheitenbewusstsein

Wenn wir jedoch die andere Seite des vorangegangenen Argumentes betrachten, können wir sehen, dass die Praxis des liberalen Rechts in Bolivien, sogar in seiner modernisierten und pluralistischen Version, zu subtilen Ausgrenzungspraktiken geführt hat, die die indigene Bevölkerung und am stärksten indigene Frauen betreffen. Der Ausschluss begann, als Indigene und Frauen in offiziellen Statistiken unsichtbar gemacht wurden. Und er wurde fortgesetzt, als ihre Forderungen zu abseitigen peripheren ›Territorien‹ fragmentiert und von lokalen Mächten kontrolliert wurden, wodurch sie ihrer möglichen Auswirkungen auf die kommunale Reform oder die allgemeine Neugestaltung der staatlichen Politik und des rechtlichen Rahmens beraubt wurden. Dieser Prozess gipfelte in der ›aufgeklärten‹ Hoffnung der Bildungs-Mestizos, dass der indigene Teil der Bevölkerung endlich ausgelöscht würde, verurteilt zu einer unvermeidlichen Mestizaje[82], die in einem langfristigen Projekt der Modernisierung und des Fortschritts eingeschrieben ist. Am Ende des 19. Jahrhunderts feierte der renommierte liberale

82 Siehe Glossar

Historiker Gabriel René Moreno dieses Schicksal bereits, indem er sich vorstellte, dass die andinen Indigenen sich durch den progressiven Impuls, der in den elitären Unternehmern und Großgrundbesitzern verkörpert war, auflösen würden. Grobe Versionen der gleichen Phantasien trüben die Vision der heutigen Eliten und hindern sie daran, zu erkennen, dass Bolivien solange ein koloniales Land sein wird, wie die herrschenden Klassen weiter in ihrem Bewusstsein kolonisiert sind. Bolivien wird solange ein kolonisiertes Land sein, bis die Bildungselite der Mestizo endlich stolz ihre eigene kulturelle Differenz anerkennt, ihre Träume von Eroberung und Plünderung aufgibt und endlich in dialogische Beziehungen auf Augenhöhe mit all den Kulturen und Nationen tritt, die auf dem Territorium wohnen, das heute Bolivien ist.

Leider sehen wir, was die politische Mittelschicht der Mestizos stattdessen während der neoliberalen 1990er Jahre getan hat: Seit den Volkszählungen von 1976 und 1992, wie auch bei der Ausgestaltung der Indigenen Volkszählung aus dem Tiefland (1993–1995), wurde die ethnische Zugehörigkeit konsequent eingeschränkt und unsichtbar gemacht. Ab 1988 führte der Niedergang der ideologischen Strömungen der Katarista[83] innerhalb der CSUTCB[84] zu einer tiefen inneren Krise und zu einem Verlust an Autonomie. Ein Prozess, der bis in die Gegenwart anhält. Auf der anderen Seite wurde das östliche Tiefland seit den liberalen Reformen der 1990er Jahre zu einem Vorzeigeprojekt für eine ›reine‹ und ›saubere‹ Ethnie: Gesponsert von staatlichen und internationalen Organisationen wie der Weltbank, der Interamerikanischen Entwicklungsbank und dem Entwick-

---

83 Siehe Rivera Cusicanqui, *»Oppressed but Not Defeated«: Peasant Struggles among the Aymara and Qhichwa in Bolivia, 1900–1980* (Geneva: UNRISD, 1986). Für *Katarista*, siehe Glossar.

84 Siehe Glossar.

lungsprogramm der Vereinten Nationen, trug es dazu bei, das für Lateinamerika universalisierte Stereotyp zu festigen, dass bolivianische Indigene eine geringe demografische Relevanz hätten und eine marginalisierte Minderheit in abgelegenen und unzugänglichen tropischen Waldgebieten wären.[85]

In den 1990er Jahren hat der neoliberale Staat solche Visionen der Marginalität perfekt mit seinem eigenen Modernisierungswillen verwoben, um sich von der trägen Masse der ethnischen Zugehörigkeit zu befreien. Dies wird sogar durch eine oberflächliche Analyse der Volkszählungen bestätigt und zeigt deutlich die sich entwickelnde Vorstellung über ›Indigenität‹ auf, welche die rechtlichen und sozialpolitischen Reformen der Eliten durchdringen. Nach den von Xavier Albó analysierten Daten sprachen 1976 von 4.613.486 Einwohner*innen des Landes 36,3 % ausschließlich die spanische Sprache. Im Jahr 1992 waren es bereits 41,7 % Menschen, die sich als ausschließlich spanischsprachig bezeichneten. Wenngleich diejenigen, die indigene Sprachen sprechen, weiterhin in der Mehrheit waren, war die Einsprachigkeit in ihren Reihen proportional zurückgegangen: von 20,4 % im Jahr 1976 auf 11,5 % im Jahr 1992. Auf der anderen Seite war der Anteil zweisprachiger Menschen (Spanisch plus ein oder zwei indigene Sprachen) von 42,5 % der Bevölkerung 1976 auf 45,7% 1992 angewachsen. Die Daten bestätigen auch eine eigenartige Reproduktion urbaner Ethnizität in den Städten Boliviens. Laut der Volkszählung von 1992 war die prozentuale Verteilung der Menschen, die nur eine indigene Sprache sprechen, in den Hauptstädten der Andenregion wie folgt: Aymara-Sprechende machten 40% der Bevölkerung in La Paz und 60 % in El Alto aus; Qhichwa-Sprechende machten 50 % der Bevölkerung in

85 So kommen beispielsweise Mexiko und Kolumbien diesem Modell der indigenen Marginalität näher.

Cochabamba, 60 % in Sucre und 69 % in Potosí aus. Im Fall von Oruro summierten sich die Zahlen der Qhichwa- bzw. Aymara-Sprechenden auf 22 % bzw. 40 % und machen dabei etwa die Hälfte der Bevölkerung aus.[86] Unter Frauen war Einsprachigkeit (einer indigenen Sprache) sowie Zweisprachigkeit immer noch häufiger als im Durchschnitt verbreitet, was die geschlechtsspezifischen Auswirkungen der universellen Hispanisierung seit der Bildungsreform von 1955 aufzeigt.

Allerdings sind bei der Volkszählung sowohl für ländliche als auch für städtische Gebiete erhebliche Fehlerquellen aufgetaucht, die als anhaltende Versuche des Staates zu werten sind, Indigene unsichtbar zu machen. Die Volkszählungsdaten zeigen, dass in der Zeit von 1976 bis 1992 ein Rückgang der Bevölkerung, die indigene Sprachen spricht, und ein proportionaler Anstieg der Bevölkerung, die als einzige Sprache spanisch spricht, zu verzeichnen war. Die Volkszählung von 1992 schloss Kinder unter sechs Jahren jedoch von Fragen zur Sprachkompetenz aus. Darüber hinaus ignorierten die von der Volkszählung verteilten Materialien die von Albó gründlich untersuchten Daten, die auf das Nettowachstum der zweisprachigen Bevölkerung hinwiesen; Daten, die auch das Anwachsen der städtischen Zweisprachigkeit durch Migration und die Reproduktion der urbanen Ethnizität neuer Generationen belegten. Die Tatsache, dass die städtische Bevölkerung im selben Zeitraum ihren Status als Minderheit verlor und auf eine klare Mehrheit von 58 % der Gesamtbevölkerung anwuchs, trug ebenfalls zu der Vorstellung einer Fortschrittlichkeit bei, die den Volkszählungen des Staates Leben einhauchte. Basierend auf diesen Volkszählungsdaten, machten Spezialisten Berechnungen und Prognosen, die dazu tendierten, die Schwierigkeit zu leugnen, zu einer Ein-

86 Xavier Albó, *Bolivia plurilingüe: Guía para planificadores y educadores* (La Paz: UNICEF und CIPCA, 1995), vol. 11:69.

schätzung des Prozentsatzes jener ländlichen Bevölkerung zu gelangen, die sowohl in der Stadt als auch auf Land, aber eher ›zwischen den Welten‹ leben: die als ›Bauern‹ in der Stadt gelten und auf dem Land als diejenigen, die kulturelle und ökonomische Beziehungen zu den urbanen Märkten aufweisen. Sie unterschätzen auch diejenigen, die in den Städten weiterhin als ›Indios‹ diskriminiert werden, weil sie sichtbare Symbole ihrer kulturellen Identität aufweisen, die aber nichtsdestotrotz bei der Volkszählung heftig leugneten, zu der Gruppe der Aymara-Sprechenden zu gehören und die bei Meinungsumfragen ebenso hartnäckig darauf bestehen, Mestizen zu sein .

Die indigene Volkszählung des Tieflandes (*Censo Indígena de Tierras Bajas*), durchgeführt vom Entwicklungsprogramm der Vereinten Nationen, durch das Indigene Institut Boliviens und das Nationales Sekretariat für ethnische, Generationen- und Geschlechterfragen, trug ebenfalls zur Unsichtbarkeit der indigenen Bevölkerung und der *Pueblos Indígenas* bei. Beeinflusst dadurch, dass in den meisten lateinamerikanischen Ländern die ursprüngliche Bevölkerung eine Minderheit darstellt, zeigten die Autor*innen dieses Volkszählungsprojektes ein sehr seltsames Bild von der indigenen Bevölkerung des Amazonasgebiets, des östlichen Tieflandes und des Chaco. Die CIDOB[87], die im Vorlauf des ›Indigenen Marsches für Territorium und Würde‹ (*Marcha Indígena por el Territorio y la Dignidad*) von 1990 entstand, nahm an der Organisation des Ereignisses (wenn auch nicht an seiner Gestaltung) teil. Ihr Ziel war es, die Kräfte abzuschätzen, die ihre Gemeinden in Bezug auf Landfragen und politische Forderungen, die sich auf ethnische Zugehörigkeiten beziehen, mobilisieren konnten. Dieses Ziel wurde nicht nur erreicht,

87 Siehe Glossar.

sondern auch das Mobilisierungspotenzial der indigenen Organisation wurde, vor allem nach den anfänglichen Erfolgen auf der legislativen Ebene, die durch den ›Indigenen Marsch‹ erzielt wurden, bekräftigt.

Die Initiator*innen der Volkszählung lehnten die Verwendung von Sprachindikatoren in der Volkszählung von 1976 und 1992 ab und nahmen stattdessen das Kriterium der Selbstidentifizierung (vermutlich nach Barth) auf. Dieses sollte in Regionen wie dem Amazonasgebiet, wo der Sprachverlust zwar weitverbreitet ist, ethnische Praktiken und Formen der politischen Repräsentation allerdings weiter vorhanden sind, genauer den Anteil der ethnischen Bevölkerung festlegen.[88] Allerdings wurde die Tatsache ignoriert, dass die gesamte Geschichte der städtischen Bevölkerung des Amazonas, des Oriente und des Chaco eine Folge der Missionierung indigener Bevölkerung durch Jesuiten während der Kolonialzeit ist und auch die Siedlungen der Kautschukarbeiter*innen häufig eine große indigene Einwohnerschaft umfassen. So schlossen die Verantwortlichen der Volkszählung unerklärlicherweise zweitausend oder mehr Personen von der Zählung aus. Dieser Fehler führte zu einer falschen Zählung der indigenen Bevölkerung im Tiefland, in einem solchen Maße, dass dieses Instrument als offizielle Datengrundlage für Kommunalreformen diskreditiert wurde. In einem Versuch, diesen Fehler zu korrigieren, gründeten die Macher der Volkszählung ihre Neuberechnung der indigenen Bevölkerung in diesen drei Tieflandregionen in der Folge auf sprachliche Indikatoren: Sie stellten fest, dass

88 *Los grupos étnicos y sus fronteras: La organización social de las diferencias culturales*, ed. Fredrik Barth (México: Fondo de Cultura Económica, 1976). Im Englischen publiziert als *Ethnic Groups and Their Boundaries: The Social Organization of Culture Difference*, ed. Fredrik Barth (Boston: Little, Brown, 1969).

in Provinzen wie Beni, in denen der Grad des Sprachverlustes bereits mehr als 50 % erreicht hatte (und der Durchschnitt läge sicherlich noch höher, wenn die städtische Komponente berücksichtigt worden wäre), das Ausmaß der Fehleinschätzung nicht korrigiert werden konnte. Diese Probleme der Methode und der Interpretation hatten tiefgreifende Auswirkungen auf die Definition der ›Rechte der Pueblos Indígenas‹. Zum Beispiel sind die Ergebnisse der Volkszählung nicht mit der geltenden Gebietsregelung vereinbar, laut der die Gemeinden urbane und ländliche Komponenten haben und die indigene Bevölkerung – vor allem in jenen urbanen Gebieten, die auf den katholischen Missionierungen beruhen – seit Jahrhunderten deren fester Bestandteil sind. Die Volkszählung erlaubt auch keine genaue Berechnung der Auswirkungen des Migrationsprozesses auf die indigene Bevölkerung, von dem insbesondere Frauen betroffen sind (durch die Abwanderung indigener Arbeiterinnen als städtische Hausangestellte, die Tatsache, dass die Haushaltsführung in Gebieten mit überwiegend männlicher Arbeitsimmigration in Frauenhänden liegt, etc.). Indigene Frauen werden auch durch die verzerrten Definitionen in der Zählung des ›Haushaltsvorstands‹ auf problematisch Weise unsichtbar gemacht, Definitionen, die die Beiträge von Frauen zu den komplexen produktiven und reproduktiven Aktivitäten indigener Haushalte nicht erkennen lassen. Vielleicht ist der einzige (wenn auch zweifelhafte) Vorteil, den wir dem Censo Indígena de Tierras Bajas zuschreiben können, die Gabe einer sorgfältigen Bestandsaufnahme der Holz- und Waldressourcen in Regionen des tropischen Regenwaldes, die unter indigene Kontrolle fallen. Wir können nur hoffen, dass diejenigen, die daran interessiert sind, diese Ergebnisse zu verstehen, nicht nur die Holzfäller und Konzerne sein werden, die diese Wälder begehren.

Wir sind nun in der Lage, die Idee, die dieser Abschnitt behandelt, vollständig auszuarbeiten. Die Bevölkerungs- und Haushaltszählung von 1976 und 1992 und die Indigene Volkszählung des Tieflands, die beiden wichtigsten politischen Staatsinstrumente im Bereich Bevölkerung und Entwicklung, beeinflussten auf subtile Weise die Bildung der bürgerlichen öffentlichen Meinung in Bolivien in Bezug auf die Definition der Beschaffenheit des Begriffs der ›indigenen Rechte‹. Obwohl oder gerade weil die Volkszählungen das Anwachsen der zweisprachigen Stadt- und Landbevölkerung dokumentierten, konzentriert sich die Bildungsreform hauptsächlich auf einsprachige, indigene Gemeinden, die in ländlichen Gebieten isoliert sind, und ignoriert die Forderungen indigener Bewegungen nach der Wiederaneignung indigener Sprachen auch innerhalb zweisprachiger Gemeinden und ihre Forderungen nach einer interkulturellen und zweisprachigen Erziehung für alle.

Ebenso hat das Gesetz über die Volksbeteiligung (1994) die indigenen Gebiete, die sich Anfang 1990 zusammengeschlossen hatten, nicht anerkannt und ihre ethnischen Organisationen indirekt von der Teilnahme an städtischen Kommunalreformen ausgeschlossen, auf welche die städtischen Nachbarschaftsräte ein Monopol hatten. In den traditionellen Andengebieten wurden die Forderungen der Ayllus-Vereinigungen und anderer ethnisch ausgerichteter Gruppen von politischen Parteien und Nichtregierungsorganisationen (NGOs) blockiert.[89] Und schließlich werden indigene Frauen durch diesen Raum der Vermittlung noch weiter entfremdet, in dem Schriftkultur, westliche Entwicklungsvorstellungen und Patronatspolitik eine patriarchalische politische Kultur aufzwingen, in der sie nur als

89 Silvia Rivera und THOA, *Ayllus y proyectos de desarrollo en el norte de Potosí* (La Paz: Aruwiyiri, 1992).

symbolische Elemente des Handelns innerhalb herrschender (männlicher) Machtstrategien gelten.

So stellt das staatliche Narrativ der Indigenität – mittels der Volkszählung und aufgrund der unbewussten Wünsche der dominierenden Minderheit – Indigene fälschlicherweise als eine verschwindende Daseinsform dar, mit indigenen Sprachen, die offenkundig und sehr rasant verfallen, und einer fortwährenden Entvölkerung der ländlichen Region. All diese Faktoren trugen dazu bei, dass das Bewusstsein eine Mehrheit zu sein, die einst den politischen Zusammenschluss der Kataristas und *Indianistas* verkündet hatte, nun in den 1990er Jahren zu einem Minderheitenbewusstsein zu schwinden begann.[90] In den letzten beiden Jahrzehnten des 20. Jahrhunderts wurde die abnehmende Repräsentation des demografischen Potenzials und der autonomen Politisierung indigener Gemeinden in einen Verlust des historischen Gedächtnisses, eine Erosion des kulturellen Selbstwertgefühls und eine Reihe von subalternen Merkmalen übersetzt, die die Indigenen dazu brachten, eine untergeordnete Rolle in der Öffentlichkeit einzunehmen und damit ihre Diskriminierung und Ausgrenzung zu zementieren.

Die neue Indigenität und Reformen des Plurinationalen Staates

Im Jahr 2000 begann eine intensive Mobilisierung der indigenen Bevölkerung, die, in unterschiedlicher Intensität, bis zum Sturz des Interimspräsidenten Carlos Mesa G. und zum Ausruf von Neuwahlen im Jahr 2005 fortdauerte. Die-

90 Als Gegenstück zur kataristischen Bewegung entwickelte die Indianista-Bewegung eine radikalere Vision, die auf der indigenen Autonomie und dem Recht auf Selbstverwaltung beruhte. Für *Katarista*, siehe Glossar.

ser komplexe und vertrackte Prozess machte das Scheitern der neoliberalen Versprechen von Gleichberechtigung und Marktdemokratie deutlich und den Aufstieg einer neuen Form von Ethnizitätspolitik sichtbar – repräsentiert von der starken Bewegung der Kokaproduzent*innen in Chapare und der Führung des Aymara Gewerkschaftsführers Evo Morales. Diese Prozesse waren auch geprägt von tieferliegenden Mobilisierungstendenzen in der Bevölkerung und ideologischer Identifikation. Wie wir bei der Volkszählung 2001 sehen können, wurden die sprachlichen Indikatoren für Ethnizität durch die Kategorie Selbstidentifizierung ergänzt, ein Trend, der entgegen den Erwartungen der Volkszählungsdesigner die Wiedererlangung eines Mehrheitsstatus bestätigte und erweiterte. Der Prozentsatz derjenigen – sei es monolingual oder bilingual –, die eine indigene Sprache sprechen, stieg leicht an auf 49 % der Gesamtbevölkerung, wohingegen die Selbstidentifizierung mit einer oder mehreren indigenen Nation(en) trotz des beschleunigten Urbanisierungsprozesses auf 62 % der Gesamtbevölkerung anstieg. Ohne Zweifel war *Ethnizität* zum umstrittenen politischen Schauplatz geworden und die staatliche Antwort darauf bestand darin, die Marginalisierung, die während der neoliberalen Reformen in den 1980ern und 1990ern so offensichtlich war, rückgängig zu machen. Andererseits hat die Dominanz der Parteipolitik die indigenen Forderungen eingeengt, unterordnet und auf einen kulturellen Beitrag zum neuen Projekt einer Mestizenelite reduziert – das gilt im Übrigen auch für die MAS[91]. Das Projekt der Mestizenelite inkorporierte die indigenen Forderungen teilweise in neue Gesetze, so z.B. in der beschränkten Form der »Indigenen Autonomiegebiete«, die in den 36 sogenannten TCOs[92] enthalten sind, die durch

91 Siehe Glossar.

92 Siehe Glossar.

das neue Agrarreformgesetzt (*Ley INRA*) und die neue Politische Verfassung des Plurinationalen Staates (Februar 2009) anerkannt wurden.

Die Lokalisierung der Ethnizität in begrenzten ländlichen Gebieten klammert die politische Prägung der urbanen Ethnizität und jene der multiethnischen Tieflandsiedelungen aus. Selbst die Bewegung der Kokaproduzent*innen wurde der ethnischen Identität beraubt, da die Tieflandgebiete, in denen sie entstand und aus denen heraus sie sich zu einer grundlegenden politischen Kraft entwickelte, nicht Teil der von neuen Verfassungen anerkannten »Indigenen Autonomiegebiete« sind. Trotz des radikalen Diskurses der neuen Regierung über Dekolonisierung und einen »Veränderungsprozess« wurden wesentliche Elemente der neoliberalen Reformen (vor allem die Agrarreform und die Gesetze zur Bürgerbeteiligung) kaum verändert.

Frauenrechte oder die Grenzen der Territorialität

Bis zu dieser Stelle habe ich eine geschlechtersensible Lesart der maskulin-gebildeten Welt vorgeschlagen, die sich in den Gesetzen und Staatspraktiken Boliviens manifestiert. Außerdem habe ich eine Analyse der Werteproduktion und politischen Diskurse der historischen und gegenwärtigen sogenannten ›Indigenen‹-Bewegungen aufgezeigt. Zum Abschluss möchte ich nun einige Ideen zu den Implikationen dieser Prozesse für die Frauen aufzeigen, unabhängig davon, ob sie Indigene, Cholas oder Birlochas oder sogar Teil der gebildeten Mestizenelite sind.

Die Lage der Frauen in Bolivien ist geprägt durch die allgemeinere koloniale Situation: Die westliche kulturelle und ideologische Matrix wohnt dem Staat inne und leitet seine Philosophie und Politik. Diese Matrix benennt, katalogisiert und unterdrückt die verschiedenen Bevölkerungsgruppen und indigenen Kulturen in Bolivien und presst sie so in eine Hierarchie, die auf der westlichen Einschätzung ihrer relativen Menschlichkeit basiert. Diese ›Anderen‹, diese ›Halb-Menschen‹, die aufgrund ihrer Andersartigkeit marginalisiert werden, sind eigentlich die Erben sowie die Untertanen einer Republik, die dem Prozess der Kolonisierung entsprungen ist. Selbst die fortschrittlichsten Momente der aufgeklärten Moderne und die neuen Mechanismen der populistischen Vermittlung, die dem Staat ab den 1950ern übergestülpt wurden, haben diese Strukturen der kolonialen Unterdrückung reproduziert. Trotz der über ein halbes Jahrhundert andauernden Homogenisierung durch ständig erneuerte Bürgerpakte mit dem Staat, umfasst Bolivien eine breite Palette verschiedener Ethnizitäten, wobei ganze Bevölkerungsgruppen gerade durch die vehemente Verleugnung ihrer Ethnizität paradoxerweise genau diesen Akt der Negierung in ein neues Kennzeichen von Ethnizität transformiert haben. So im Fall der andinen *Cholaje*[93]: Trotz seiner Übernahme von dreiteiligem Anzug, Privateigentum und anderer westlicher kultureller Charakteristiken bleibt der Cholo weiterhin subaltern, da er Strategien wie kulturelle Mimesis und Praktiken für den sozialen Aufstieg anwendet, die letztlich die herrschende kulturelle Welt samt ihrem Anschein von Gleichheit karikiert.

Die Aneignung und Eindämmung der Cholaje durch ihre eigenen mimetischen Praktiken wirft ein Licht auf die Situation der Frauen in Bolivien. Eines der deutlichsten Beispiele für die Stigmatisierung der kulturellen Mimesis ist die Entwicklung der Mode der *Chola paceña* seit dem 18. Jahrhundert, wie sie von Rossana Barragán untersucht

93 Siehe Glossar.

wurde.[94] Das Tragen einer *Pollera* (eines weiten Rocks), eines Manila-Schals und eines Borsalino-Huts war ab der Mitte des 19. Jahrhunderts eine Praktik, die ursprünglich als Strategie dazu gedacht war, indigenen Migrant*innen sozialen Aufstieg und Zugang zur merkantilen Herrschaftskultur zu verschaffen. Dieser Versuch, sich die Kennzeichen der herrschenden Kultur wiederanzueignen und dabei doch anders zu tragen, bleibt jedoch mehrdeutig: Er verdeutlicht und negiert zugleich die Unterschiede von Gestik und Verhalten, verschleiert aber auch die assimilatorischen Bestrebungen und Selbstwahrnehmungen von Frauen als ›Mestizas‹ oder ›bürgerlich‹, die auf die gesamte Arbeiterklasse projiziert werden. Diese Prozesse habe ich an anderer Stelle untersucht, in der Absicht, die koloniale Konstruktion von Identitäten nachzuzeichnen und zwar im Besonderen die Identitäten der ›Cholas‹ und ›Mestizas‹ in Bolivien.[95] Was an dieser Stelle für mich von Interesse ist, ist diese Frage aus der Perspektive der »Rechte« zu betrachten – verständlich gemacht anhand von historischen Beispielen, an denen ich mich bevorzugt orientiere. Die folgende Analyse stützt sich auf viele Ideen, die ich an anderer Stelle und in unterschiedlicher Form bereits dargestellt habe.

---

94 Die Chola aus La Paz ist eine symbolische Ikone der subalternen weiblichen Ethnie in Bolivien. Siehe Rossana Barragán, »Entre polleras, licillas y ññacas: Los mestizos y la emergencia de la tercera república«, in *Etnicidad, economía y simbolismo en los Andes: II Congreso Internacional de Etnohistoria, Coroico*, ed. Silvia Arze, Rossana Barragán, Laura Escobari, and Ximena Medinacelli (La Paz: HISBOL/IFEA/ SBH-ASUR, 1992).

95 Siehe SM und Silvia Rivera Cusicanqui, »Diferencia complementarie- dad y lucha anticolonial: Enseñanzas de la historia andina« (nachfolgend als DC bezeichnet) in *500 años de patriarcado en el Nuevo Mundo*, Clara Leyla Alfonso (Santo Domingo: CIPAF/ Red Entre Mujeres, 1992).

Die Konstruktion der bolivianischen Migrantinnen (Cholas oder Birlochas) als degradierter Raum der »Mestizaje« innerhalb der Struktur des städtischen Arbeitsmarktes ist ein Paradebeispiel für das Phänomen, das ich diskutiert habe: Angetrieben von ihrem Wunsch, die verwestlichte herrschende Elite widerzuspiegeln, repräsentieren sie letztlich die Charakteristika der urbanen Moderne in archaischer und karikierter Form. Zweifellos tragen Segregation und Ausschluss, die diesen Personen, die im ›Dazwischen‹ leben, aufgezwungen werden, zur neuen Beständigkeit der Grenzen bei, die die Cholas auf halbem Weg zu Verwestlichung und der Existenz als Staatsbürgerin stranden lassen. Die sichtbarsten Spuren dieses Prozesses sind paradoxerweise in den Versuchen der Cholas zu erkennen, sich selbst und ihre Kultur unsichtbar und klandestin zu machen. Eine Studie von Elizabeth Peredo über Marktfrauen in La Paz zeigt, dass sie den neuen Generationen eine Verleugnung ihrer Herkunft und ihrer Vorfahren aufzwingen und sie so dazu verdammen, sich von ihren ländlichen kulturellen Ursprüngen zu entfremden.[96] Ethnische Entwurzelung, Verschiebung der eigenen Herkunftskategorie oder die Heirat von Männern mit höherem Status sind alles Mechanismen, durch welche eine soziale Verortung entstand, die als »stufenweise Verachtung« (*desprecios escalonados* (Saignes 1985)) und »aneinandergekoppelte Ausschlüsse« (*exclusiones eslabonadas* (Rivera [comp] 1996) beschrieben wird und mit dem Prozess der Mestizaje assoziiert ist.[97] Jedoch muss festgehalten werden, dass keines der indigenen Rechte, die oben besprochen wur-

96 Elizabeth Peredo, *Recoveras de los Andes: La identidad de la chola del mercado: una aproximación psicosocial* (La Paz: ILDI-TAHIPA- MU, 1992).

97 Diese Begriffe (desprecio escalonado und exclusiones escalonadas in Spanisch) stammen von Tierry Saignes, *Los Andes Orientales: Historia de un olvido* (Cochabamba: CERES, 1985) bzw. SM.

den, sich mit den spezifischen Problemen dieser Frauen befasst, die zu diesen Phänomenen führen: die Diskriminierung am Arbeitsplatz, der Mangel an Bildungschancen und die frustrierenden Erfahrungen als urbane Bürgerin – die eben genau jene entstehenden und aufstrebenden Mittelsprossen der sozioökonomischen Leiter betreffen.

Die Erfahrung von Ethnizität, wie sie täglich im Hochland, in den Tälern und im Tiefland (und auch in den Städten) erfahren wird, hat zweifellos viel mit den strukturellen Kräften zu tun, die die Arbeits- und Heiratsstrategien beeinflussen sowie die kulturelle Wahrnehmung von Hunderttausenden von bolivianischen Frauen prägen. Die bereits besprochene Studie über vier verschiedene ethnische Milieus in Bolivien (drei ländliche, ein urbanes), die ich 1996 erstellt habe, zeigte, wie die unsichtbare Arbeit der Frauen zur Reproduktion von Ethnizität beiträgt. Das gilt auch in urbanen und merkantilen Kontexten, wo sie das Zentrum eines breiten gesellschaftlichen Netzwerkes darstellen und so das Überleben der Haushalte und der Familienunternehmen von migrierten Familien ermöglichen. Das ist sozusagen ihre ›dritte Arbeitsschicht‹, in der sie gegenseitige Vereinbarungen miteinander schließen (Aynis), familiäre und verwandtschaftsähnliche Freundschaftsbeziehungen[98] pflegen und Geschäfte oder Handwerksbetriebe auf Basis von nicht-monetärer Arbeit und Warentausch organisieren. Diese Arbeitszeit, die sie für diese Praktiken aufwenden, garantiert nicht nur das wirtschaftliche Überleben, sondern auch die kulturelle Reproduktion und den Wohlstand ihrer Betriebe und Familien – trotz der gegen sie gerichteten Diskriminierungen. Wie schon die klassische Studie von Albó et al. vor über 30 Jahren gezeigt hat, wird der produktiven

98 Im Original *compadrazgo,* siehe Glossar.

Arbeit und den Unternehmungen von Frauen in diesen Kontexten kein gesellschaftlicher Respekt und keine gesellschaftliche Anerkennung zuteil; sie werden in den Schatten gestellt von den Avataren männlicher Migrationsabenteuer.[99] Lucila Criales hat dokumentiert, wie Frauen diesem patriarchalen Modell dadurch widerstehen, dass sie aufs Land zurückkehren und das Patronatsfest der Herkunftsstadt in ein kurzlebiges Szenario weiblicher Ermächtigung verwandeln, bei dem sie auf extravagante Weise Geld ausgeben und so symbolisch an Prestige gewinnen. Diese Aktivitäten sollen die Ungleichheiten des täglichen Lebens, die Unzulänglichkeiten und Schmerzen sowie die kulturelle Verachtung der herrschenden urbanen Gesellschaft, die sie als ›Cholas‹ tagtäglich erfahren, legitimieren und kompensieren.[100] Bisher hat es noch keine indigene Organisation vermocht, diese Kontexte als Kampfplätze zu verstehen. Ebenso wenig gibt es bislang Ideen, wie indigene Rechte für diese Frauen geltend gemacht werden können, die in den Vorstellungen des Staates bislang lediglich als ›Mestiza‹ existieren.

Dasselbe Phänomen lässt sich auch aus einer anderen Perspektive beobachten, und zwar durch die Betrachtung der Entstehungsgeschichte der Gewerkschaften in den Tälern Cochabambas nach der Revolution 1952 und der anschließenden Agrarreform von 1953.[101] Diese Geschichte

---

99 Xavier Albó, Tomás Greaves, und Godofredo Sandóval, *Chukiyawu, la cara ayamra de La Paz, vol. 1*: El paso a la ciudad (La Paz: CIPCA, 1981).

100 Lucila Criales, *Mujer y conflictos socio-culturales: El caso de las migrantes de Caquiaviri en la ciudad de La Paz* (La Paz: Aruwiyiri, 1994).

101 María Laura Lagos, *Autonomía y poder: Dinámica de Clase y Cultura en Cochabamba* (La Paz: Plural, 1997), sowie Susan Paulson, »Familias que no ›conyugan‹ e identidades que no conjugan: La vida en Mizque desafía nuestras categorías«, in SM.

bestätigt nämlich den systematischen Ausschluss der Frauen von den neu entstehenden öffentlichen Räumen im Zuge der kleinbäuerlichen Vergewerkschaftlichung und politischen Mobilisierung. Sowohl in Mizque als auch in Tiraque führte der politische Prozess, der durch die Mobilisierung auf dem Lande ausgelöst worden war, letztlich dazu, dass Frauen der Zugang zum öffentlichen Raum versperrt wurde und Gewerkschaften, bewaffnete Milizen und andere Organismen sich in Räume staatlicher Patronage- und männlicher Klientelbeziehungen verwandelten. Paradoxerweise waren es die langanhaltenden gesellschaftlichen und kommerziellen Aktivitäten der Frauen von Cochambamba – etwa der Verkauf von *Chicha*, Fernhandel und andere Tätigkeiten –, die es den Männern erlaubte, den größten Teil ihrer Zeit der Gewerkschaftsarbeit und Parteipolitik zu widmen.[102] Die Überhöhung der *Chichería* (Chicha-Bar) und der mütterlichen Tugenden der Frauen (quer durch das Stadt-Land-Kontinuum der Mestizaje) wie auch der in den Tälern vorherrschende Volksmythos des ›Matriarchats‹ demonstrieren die Perversität der Vorstellung über den gebildeten Bürger und seine praktischen Konsequenzen für Frauen: Während die Mütter und Großmütter von ihren Söhnen und Enkeln erbarmungslos als Arbeitskraft ausgebeutet werden, erhalten diese nun als Gewerkschafter und Wanderarbeiter, dank des Geflechts des männlichen Klientelismus der vorherrschenden Partei, immerhin eine herabgestufte Form der Bürgerrechte. Die Scham und Selbstverachtung wird auf die Frauen übertragen, die nun die ländliche Zurückgebliebenheit, vorkommerzielle Ökonomie und die einstige Barbarei der Familie repräsentieren.

102 Siehe Glossar.

Womöglich gibt es jedoch ein noch anschaulicheres Beispiel für die ethnische Segregation und Diskriminierung in den Andenregionen Boliviens – obwohl dies auch für andere Regionen gilt – und zwar die entlohnten Hausdienste, die ein Strukturmerkmal der städtischen Beschäftigung unseres Landes darstellen. Gemäß den Zahlen einer Studie des *Center for Latin American Research and Documentation* (CEDLA) ist ihr Anteil an der erwerbstätigen Bevölkerung der Städte von 5% im Jahre 1985 auf 6,2% im Jahre 1991 gestiegen, was in totalen Zahlen 47.909 Hausangestellte ausmacht. 90% davon waren Frauen und 70% Migrantinnen, was so viel bedeutet wie ›indigene‹ Frauen, die in ländlichen Gemeinden geboren wurden und indigene Sprachen sprechen. Abgesehen von der Hausarbeit, die ein Einkommen generiert, welches die Hälfte des geltenden Mindestlohnes nicht übersteigt, stellt die städtische Ökonomie nur sehr wenige Arbeitsmöglichkeiten für indigene Migrantinnen bereit.[103] Freilich wirkt sich solch eine Situation auf das gesamtgesellschaftliche Geschlechterverhältnis aus und markiert noch tiefergreifende Ungleichheiten, die vonseiten der radikalen feministischen Theorie in Bolivien bis heute ignoriert werden. Eine dieser Ungleichheiten ist meiner Meinung nach die Vertagung der Debatte über väterliche und männliche Mitverantwortung im Haushalt. Die männliche Abwesenheit im Haushalt wird erst durch die Existenz derjenigen Frauen ermöglicht, die zu Hause die Bürde dieser ›zweiten Arbeitsschicht‹ tragen. Was bei der Diskussion über diese Transaktion von Frauen aus unterschiedlichen ökonomischen Machtpositionen und unterschiedlicher kultureller Herkunft nicht infrage gestellt wird, ist die Darstellung von Hausarbeit als quasi ›natürliche‹ Eigenschaft des weiblichen

103 ILDIS-CEDLA, *Informe Social Bolivia: Balance de indicadores sociales* (La Paz: ILDIS-CEDLA, 1994).

Geschlechts. Obwohl diese Naturalisierung und Feminisierung von Hausarbeit und Pflege schon seit Jahrzehnten vonseiten feministischer Theorie bekämpft und angeprangert wird, stellt sie in Bolivien weiterhin nahezu ein Tabuthema dar, da die Arbeit der Hausarbeiterinnen, die selbst in den Haushalten der radikalsten feministischen Aktivistinnen und Ideologinnen arbeiten, unsichtbar bleibt.

Im Rahmen der Debatte über die indigenen Rechte machen die oben angeführten Beispiele auf eine Situation aufmerksam, in denen bestimmten Menschen – aufgrund ihres Geschlechts und/oder ihrer ethnischen Herkunft – selbst die grundlegendsten Menschenrechte auch weiterhin verwehrt bleiben. Obwohl Umstände wie etwa das niedrige Lohnniveau für Hausarbeit, die doppelte Arbeitslast von Frauen und die selektive Emigration die indigenen Gemeinschaften in verschiedenen Regionen des Landes ebenso sehr in Mitleidenschaft ziehen wie die Landflucht, müssen diese Bevölkerungsgruppen noch ihren Platz finden, um ihren Forderungen innerhalb ethnischer Organisationen Geltung verschaffen zu können. Diese Organisationen haben ihre Forderungen nach kollektiven Rechten bislang zu sehr auf den Begriff der Territorialität reduziert und so paradoxerweise die Protestmöglichkeiten der indigenen Bevölkerung, die außerhalb dieser eng definierten Räume lebt, einschränkt.

Auch wenn die indigene Bevölkerung mit dem Kampf um Land den bolivianischen Staat zu seiner Zeit auf zentrale Art und Weise herausgefordert hat, glauben wir, dass der Kampf für ›Würde‹ noch ein zu entwickelndes Gebiet ist und auf eine Vielzahl von Kontexten – sowohl in städtischen als auch in ländlichen Gebieten – angewendet werden muss, in denen ethnische Zugehörigkeit für die Betroffenen die Verschlechterung ihrer Menschenrechte bedeutet. Die Territorialisierung indigener Rechte hat indigene Frauen und ihre

Gemeinschaften daran gehindert, der ethnischen Zwangsjacke zu entkommen, die in die liberale Konzeption von Rechten eingebettet ist und einen Diskurs darstellt, der einen sehr limitierten Raum des gebildeten und männlichen Staatsbürgers hervorbrachte, der wiederum unzählige Formen der Menschen- und Bürgerrechte ausklammert, die Teil der Praktiken indigener Mobilisierung sind.

Womöglich liegt das daran, dass weder der Staat noch die indigenen Organisationen eine ›Politik der Ethnizität‹ aufgegriffen haben, die in der Lage gewesen wäre, alternative Perspektiven für Frauen aufzuzeigen. Sie waren nicht imstande, die Errungenschaften, die durch die Anerkennung des multiethnischen Charakters der Nation (mit der neuen *Constitución Política del Estado* oder auch anderen Maßnahmen) gewonnen wurden, an die Frauen weiterzugeben.[104] Solange Migrantinnen, die unter entwürdigten Bedingungen in der städtischen Mittelklasse arbeiten, vonseiten der indigenen Organisationen nicht als Angehörige ihrer Gemeinden bzw. Pueblos Indígenas anerkannt werden, wird ihr eigener Rechtsbegriff gleichsam beschränkt und fragmentiert bleiben. Solange ethnische Organisationen nicht in der Lage sind, sich den Phänomenen der Geschlechterunterdrückung zu stellen, die durch Emigration der männlichen Arbeitskraft in die Städte oder durch die *Zafra*[105] ausgelöst wird, oder die wachsenden Probleme anzugehen, die mit dem Umstand der Leitung der indigenen Haushalte durch Frauen einhergeht,

---

104 Der Begriff der indigenen Rechte wurde 1994 erstmals in der politischen Verfassung des bolivianischen Staates eingeführt und in dem kürzlich verabschiedeten Verfassungstext, der Anfang 2009 angenommen wurde, weiter ausgebaut.

105 Die Zafra ist die Zuckerrohrernte in den ländlichen Gebieten. In den letzten Jahrzehnten ist dieser Migrationsprozess zunehmend auf andere Länder wie Argentinien, Brasilien und Spanien ausgerichtet.

solange wird der Begriff der Menschenrechte schlicht Rhetorik bleiben. Ist dies der Fall, dann werden wir lediglich zur Ausweitung der Bestrebungen des Staates beigetragen haben, das Bewusstsein einer bolivianisch-indigenen Mehrheit der 1980er in ein Bewusstsein einer Minderheit zu verwandeln, die einzig von den Krümeln der ›Entwicklung‹ und den ungleichen ökologischen und ökonomischen Transaktionen innerhalb der von Mestizos dominierten Machtstrukturen lebt. Dieser Umstand ist trotz der jüngsten Wahlerfolge und des Aufstiegs des ersten indigenen Präsidenten wesentlich unverändert geblieben. Die implizite Konsequenz des gesamten Argumentes deutet auf die Notwendigkeit einer simultanen Dekolonisierung sowohl des Geschlechts als auch der Indigenität hin, und zwar auf alltäglicher wie auch auf politischer Ebene. Dies ist zu bewerkstelligen durch eine Theorie und Praxis, die alternative und pluralistische Begriffe von Bürgerrechten mit Rechten kombiniert, die den traditionellen indigenen Bräuchen und Gewohnheiten innewohnen, sowohl aufseiten der Gesetzgebung als auch in den alltäglichen und privaten Praktiken der Menschen.

Glossar

Abya Yala – Dieser Begriff der Kuna, einer in Panama und Kolumbien lebenden indigenen Gruppe, bedeutet ›Land in voller Reife‹ oder ›Blühendes Land‹. Seit den 2000er Jahren wird dieser Begriff sowohl in den kritischen lateinamerikanischen Wissenschaften als auch von vielen indigenen Bewegungen des Kontinents verwendet, um den amerikanischen Doppelkontinent aus der eigenen Kosmologie heraus zu bezeichnen. Die Bezeichnung weist damit auch die Fremdbenennung ›Amerika‹ nach dem Seefahrer Amerigo Vespucci zurück.

Afrodescendientes – Als Afrodescendientes bezeichnen wir Personen auf dem Abya Yala (siehe *Abya Yala*), die sich als Nachfahren afrikanischer Sklaven ansehen oder denen dies zugeschrieben wird.

Aguayo-Komplex – Als Aguayo Komplex bezeichnet Silvia Rivera Cusicanqui den Umstand, eine (von den Eltern angestellte) Frau wie eine eigene Mutter zu lieben und von ihr großgezogen zu werden, von der eigenen (biologischen) Familie jedoch später beigebracht zu bekommen, sie geringzuschätzen.

Aka pacha – Gegenwart.

Alasitas – Fest und Markt im Januar und Februar in La Paz zu Ehren der Aymara-Gottheit Ekeko. Dort werden Miniaturgegenstände zu rituellem Zweck verkauft.

Apoderado – Mittelsmänner (Bevollmächtigte), die ermächtigt waren, die Beschwerden und Forderungen der betroffenen Gemeinden gegenüber den Kolonisatoren bzw. der spanischen Krone zu äußern.

Ayllu – Diese grundlegende politische und soziale Einheit aus vorkolonialer Zeit bezieht sich auf ein (manchmal diskontinuierliches) Gebiet, in dem Menschen durch Verwandtschaft und symbolische Netzwerke miteinander verbunden sind. Es umfasst religiöse, symbolische und erbrechtliche Praktiken, die den Mitgliedern der Ayllus eigen sind. Der Begriff könnte als ›Gemeinde‹ ins Deutsche übersetzt werden, geht aber weit über die Bedeutung dieses Begriffs hinaus.

Aymara – Mit Aymara bezeichnen wir im Folgenden sowohl die Bevölkerungsgruppen als auch die Sprache.

Aynis – Vereinbarungen.

Birlocha – Der Begriff Birlocha bezieht sich speziell auf Chola-Frauen (siehe *Chola* im Glossar), die den Kleidungsstil und die Bräuche der Mestizas (siehe *Mestizaje* im Glossar) annehmen.

Cabildo – Cabildos waren in Spanien und im von Spanien beherrschten Amerika Organe der örtlichen Selbstverwaltung. In Lateinamerika gab es für Spanier und deren Nachkommen (*Criollos*) einerseits, sowie für die indigene Bevölkerung andererseits, jeweils getrennte Cabildos.

Caciques-Apoderados – Caciques (Taino-Ursprung) – Apoderados (siehe *Apoderado im Glossar)* ist die Bezeichnung für die Anführer indigener Ayllus (siehe *Ayllu* im Glossar). Obwohl diese Macht in der Kolonialzeit stark ausgehöhlt wurde, blieb sie bis zu den liberalen Reformen des späten 19. Jahrhunderts gesellschaftlich relevant.

Cargo-System – Männliche Anschauungen von Verwandtschaftsregelung mit weltlichen und religiösen Positionen in ländlichen indigenen Gemeinschaften.

Caudillo – Ursprünglich spanischer Heerführer; im Kontext Lateinamerikas polemischer Begriff für Militärführer und Großgrundbesitzer mit hohem Machtanspruch.

CIDOB – Die *Confederación de Indígenas del Oriente de Bolivia* (CIDOB) ist eine nationale repräsentative Organisation der Indigenen-Bewegung aus dem östlichen Tiefland Boliviens.

Chicha – Chicha ist ein alkoholisches Getränk, das aus fermentiertem Mais oder anderen Getreidesorten hergestellt wird und von den Inkas für rituelle Zwecke verwendet wurde. In der heutigen Zeit wird es in der gesamten Andenregion sowohl zu rituellen Zwecken wie auch im Alltag konsumiert.

Chola – Die *chola paceña* – die Chola aus La Paz – ist eine symbolische Ikone der subalternen weiblichen Aymara in Bolivien. Der für die Chola typische Kleidungsstil beruht auf dem der Spanierinnen während der Kolonialzeit, den sie sich aneigneten und uminterpretierten. Siehe Rossana Barragán, »Entre polleras, licillas y ññacas: Los mestizos y la emergencia de la tercera república«, in *Etnicidad, economía y simbolismo en los Andes: II Congreso Internacional de Etnohistoria, Coroico*, ed. Silvia Arze, Rossana Barragán, Laura Escobari, and Ximena Medinacelli (La Paz: HISBOL/IFEA/SBH-ASUR, 1992).

Cholo – Der Begriff Cholo wird in Bolivien im Allgemeinen für Indigene verwendet, die in städtische Gebiete ausgewandert sind und irgendwo zwischen den kulturellen Räumen der mestizischen (siehe *Mestizaje*) und indigenen Identität leben.

Cholaje – Prozess des Chola/o-werdens.

Chuyma – Die Eingeweide auf Aymara.

Ch'ixi – Dieses Konzept, aus der Philosophie der Aymara, bezeichnet die Anwesenheit und widersprüchliche Ko-Existenz zweier Komponenten, die sich vermischen, ohne sich dabei aufzulösen.

CIDOB – Die *Confederación de Indígenas del Oriente* (Konföderation Indigener des Ostens) ist eine nationale repräsentative Organisation der Indigenen-Bewegung aus dem östlichen Tiefland Boliviens.

Compadrazgo – im wortwörtlichen Sinne die Beziehung zwischen den Eltern und Paten eines Kindes, die entsteht, wenn ein Kind getauft wird.

Compromiso (vital) – Auf Deutsch bedeutet dieser Begriff eine Selbstverpflichtung für das Leben. Für compromiso gibt es im Deutschen unserer Meinung nach keine ideale Übersetzung. ›Selbstverpflichtung‹ kommt dem Sinn in diesem Kontext zwar am nächsten, allerdings ist dabei der freiwillige Charakter hervorzuheben, mit dem die Verpflichtung gegenüber dem eigenen Gewissen eingegangen wird, auf eine spezielle Art und Weise akademisch zu arbeiten, die politisch ist, sich in der eigenen Lebensrealität verortet und das Leben fördert und einfordert.

CONAMAQ – *Consejo Nacional de Ayllus y Markas del Qullasuyu* (CONAMAQ) ist eine politische und sozio-kulturelle Organisierung indigener Bewohner*innen (Aymara, Quechua und Uru) des bolivianischen Hochlandes.

Corregidores – Regionale Gouverneure.

CSUTCB – *Confederación Sindical Única de Trabajadores Campesinos de Bolivia* (CSUTCB) ist der der bolivianische Gewerkschaftsbund der Landarbeiter.

Fuero – Gewohnheitsrechte der einzelnen Territorien.

Gatopardismus – Grundhaltung, nach der alles geändert wird, damit alles gleich bleibt.

Hacendados – Gutbesitzer von großen Ländereien (*Haciendas*) mit Sklavenarbeit.

Hekatombe – Ursprünglich Opfer von 100 Rindern (altgriechisch). Im übertragenen Sinne Unglück oder Ereignis mit außerordentlich hohen Zahlen von Opfern und Betroffenen.

Indianistas – Als Gegenstück zur kataristischen Bewegung (siehe *Katarista* im Glossar) entwickelte die Indianista-Bewegung eine radikalere Vision, die auf der indigenen Autonomie und dem Recht auf Selbstverwaltung beruhte.

Indios – Auf Spanisch bezeichnet dieser Begriff Menschen indigener Herkunft. Auch wenn dieser Begriff unseres Erachtens aufgrund seiner derogativen Fremdbezeichnung in der Vergangenheit problematisch ist (i.S.v. ›Indianer‹), und seine Verwendung koloniale und rassistische Kategorisierungen reproduziert, haben wir ihn nicht übersetzt, da die Autorin ihn selbst verwendet. Seit einigen Jahren wird er als positive, stolze und gewissermaßen auch trotzige Bezeichnung von den Teilen der Indianistas selbst verwendet, um einer pejorativen Bezeichnung keinen Raum zu geben. (siehe auch ›Pueblos Indígenas‹)

Jayllis – Lied des Triumphs auf Aymara.

Katarista – Die politische Bewegung der Katarista, benannt nach Tupac Katari, der die indigenen Rebellionen von 1781 in und um La Paz angeführt hatte, war eine militante indigene Bewegung. Sie formierte sich in den späten 1960er Jahren und bestand weitgehend aus Aymara-Nationalisten, die indigene Autonomie, Kultur und Religion wiederbeleben wollten. Siehe Rivera Cusicanqui, *»Oppressed but Not Defeated«: Peasant Struggles among the Aymara and Qhichwa in Bolivia, 1900–1980* (Geneva: UNRISD, 1986).

Kuraqa – Kuraqa (*Qhichwa*-Ursprung) bezeichnet ähnlich wie Cacique (Taino-Ursprung) die Anführer indigener Ayllus (siehe Ayllu im Glossar). Obwohl diese Macht in der Kolonialzeit stark ausgehöhlt wurde, blieb sie bis zu den liberalen Reformen des späten 19. Jahrhunderts gesellschaftlich relevant.

Ley de Exvinculación – Eingeführt von Präsident Tomás Frías Ametller. Damit ist die Umformung von kollektiven Landtiteln in Individualbesitz gemeint. Dieses Gesetz sah dabei aber nicht unbedingt die Privatisierung des Landes für den freien Markt vor, sondern in erster Linie die »Individualisierung« von Landtiteln, damit der Staat diese Territorien gesetzlich und de facto besser kontrollieren kann. Im Folgenden sprechen wir in diesem Zusammenhang von »Aufteilung von Kollektivland«.

Marka – Markas waren ländliche Städte oder *Pueblos de Reducción*, in welche die indigene Bevölkerung in frühen Kolonialzeiten umgesiedelt wurde. Sie entsprachen ungefähr der vorkolonialen Föderation von Ayllus (siehe Ayllu im Glossar), die sich um rituelle und politische Zentren versammelte.

Mestizaje – Der Begriff Mestizaje bezeichnet die rassistische Vorstellung der ›Vermischung‹ zwischen indigenen und europäisch-spanischstämmigen Bevölkerungen im Zuge der Eroberung der Amerikas, basierend auf den Ideen von verschiedenen *Razas* (siehe Razas im Glossar). Darauf aufbauend werden bis heute diverse und komplexe Ideen der nationalen Zugehörigkeit und Bevölkerungszusammensetzung in Lateinamerika abgeleitet. Siehe auch Quintero, Pablo/Garbe, Sebastian: Kolonialität der Macht. De/koloniale Konflikte zwischen Theorie und Praxis. Münster: Unrast Verlag 2013.

MAS – Mit der Partei MAS (*Movimiento al Socialismo* – Bewegung zum Sozialismus) wurde Evo Morales 2006 erster indigener Präsident Boliviens.

Maquiladora – Damit sind die industriellen Produktionszonen in der mexikanischen/US-amerikanischen Grenzregion und deren prekarisierte, geschlechtsspezifische Arbeitsverhältnisse gemeint.

Mita – System der Tributleistung durch Arbeit.

MRTKL – *Movimiento Revolucionario Túpac Katari de Liberación* (MRTKL) ist eine linke Partei in Bolivien.

Onto-epistemisch – bezeichnet die epistemologischen und ontologischen Dimensionen von Rivera Cusicanquis Denken. Diese Impulse hinterfragen nicht nur eurozentrische Erkenntnis als Voraussetzung für (akademisches) Denken, sondern stellen auch die herrschende Wahrnehmung des Westens darüber, dass es ›eine‹ Wahrnehmung der Welt geben müsse, infrage, indem sie subalterne und negierte Weltwahrnehmungen (wie z.B. indigene) sichtbar machen. Hierin liegt die politische Dimension von Cusicanquis akademischem und praxisorientiertem Denken.

Pachakuti – Aus der indigenen Weltsicht steht dieser Begriff für Aufstand oder Wende von Raum-Zeit. Pachakuti verursacht lange Zyklen der Katastrophe oder der Erneuerung des Kosmos.

Pacha Mama – Das Wort *Pacha* existiert sowohl in der Sprache der Aymara als auch der Quechua und bedeutet Erde, Kosmos, Universum, Zeit, Raum. *Mama* bedeutet Mutter. Insofern steht Pacha Mama für ›Mutter Erde‹.

Patria potestad – Patria Potestad ist ein weiterhin verwendeter Rechtsbegriff und beinhaltet das juristische Konzept der elterlichen Vormundschaft im Allgemeinen. Es leitet sich aus dem römischen Konzept ab, das dem *postestad marital*, der ehelichen Vormundschaft bzw. Herrschaft des Ehemannes über die Frau gleicht. In diesem Sinne bezeichnet es in seiner ursprünglichen Form die Väterliche Herrschaft (i.S.v. Macht und Gewalt) über die eigenen Kinder.

Poiesis – Altgriech. ›machen‹, nach Aristoteles: Handeln, das einen Zweck verfolgt und das Endprodukt in den Vordergrund stellt, im

Gegensatz zu praktischem Handeln, das sich durch einen Selbstzweck des Prozesses auszeichnet.

Pueblos Indígenas – Als Pueblo Indígena (›indigenes Volk‹) wird im Spanischen die autochtone Bevölkerung Lateinamerikas als Gesamtes und im Einzelnen bezeichnet. Der Begriff Pueblo Indígena wird in Abgrenzung zur derogativen Fremdbezeichnung ›Indio‹ als positive Selbstbezeichnung und politische Selbstbehauptung verwendet, um die soziale, kulturelle und politische Einheit und die Rechte autochtoner Gemeinschaften zu betonen. Im Plural macht er auf die sozio-kulturelle, historische und sprachliche Vielfalt und Heterogenität der Bevölkerungsgruppen aufmerksam, die vor der Kolonisierung Amerikas den Kontinent bewohnten bzw. weiterhin bewohnen und heute vereinfacht als ›indigen‹ bezeichnet bzw. verallgemeinert werden. (siehe auch Indio)

Quechua/Qhichwa – Mit Quechua/Qhichwa bezeichnen wir im Folgenden sowohl die Bevölkerungsgruppen als auch die Sprache.

Quilca – Quechua für Schrift oder die Kunst der Höhlenmalerei.

Raza – Dieser Begriff steht für den Begriff ›Rassen‹ und wird vom peruanischen Soziologen Aníbal Quijano in seiner Theorie der ›Kolonialität der Macht‹ analysiert. Wir verwenden die spanische Formulierung, um auf die historisch und geografisch spezifische Funktion rassistischer Ideen und Taxonomien in Lateinamerika zu verweisen. Siehe auch Quintero, Pablo/Garbe, Sebastian: Kolonialität der Macht. De/koloniale Konflikte zwischen Theorie und Praxis. Münster: Unrast Verlag 2013.

Refinada – Rivera bezeichnet im Scherz die Oberschicht und formal gebildete Frauen, die mit urbanen Räumen verbunden sind, als Refinadas (im Sinne von ›fein‹).

Repartos – Überteuerte und überflüssige Waren.

Trajín – Dieses Konzept steht für ›geschäftiges Treiben‹ und bezeichnet neue Formen der Warenansammlung in indigener Hand, die seit dem 16. Jahrhundert existierten.

Taller de Historia Oral – Anfang der 1980er Jahre gründete Silvia Rivera in Bolivien das Taller de Historia Oral – eine Forscher*innengruppe zur mündlich überlieferten Geschichte Boliviens, welche die Themen von Identität und sozialen, populären und indigenen Bewegungen in der Aymararegion behandeln.

TCOs – Tierras Comunitarias de Origen (TCOs) steht für ursprüngliche Landgemeinschaften.

UMSA – *Universidad Mayor de San Andrés* (UMSA) ist eine staatliche Universität in La Paz.

Verwurzeltes Denken – Wir verwenden den Begriff ›verwurzeltes Denken‹ in Anlehnung an Verónica Gago, die Rivera Cusicanquis Beitrag als eine Übung beschreibt, »Theorie zu verwurzeln«. Anstatt des Begriffs ›Theorie‹ verwenden wir jedoch den des ›Denkens‹, um Rivera Cusicanquis intellektuelle Praxis zu betonen, welche über die künstliche und akademische Erzeugung von Erkenntnis hinausgeht, nicht formalisierte Wissenspraktiken einschließt und vor allem politische Veränderungen zum Ziel hat. Siehe: Gago, Verónica: Silvia Rivera Cusicanqui: Contra el Colonialismo Interno. http://www.revistaanfibia.com/ensayo/contra-el-colonialismo-interno/, (19.07.2018).

Yatiri – Gemeinschaftsheiler unter den Aymara in Bolivien, Chile und Peru.

Zafra – Die Zafra ist die Zuckerrohrernte in den ländlichen Gebieten. In den letzten Jahrzehnten hat sich der mit ihr zusammenhängende Migrationsprozess zunehmend auf andere Länder wie Argentinien, Brasilien und Spanien ausgebreitet.

Weitere Veröffentlichungen der Autorin:

Neben den hier erstmalig ins Deutsche übersetzen Essays ist vor allem ihre spanischsprachige Monografie *Unterdrückt, aber nicht besiegt. Die Kämpfe der Aymara und Quechua Landbevölkerung in Bolivien, 1900–1980.*[106] (alle Werke bislang nur in der Originalsprache erhältlich) hervorzuheben, in der sie die Geschichte und das Denken anarchistischer und indigener (Land-)Bewegungen in Bolivien im 20. Jahrhundert nachzeichnet. Dieses Werk gilt mittlerweile als eines der wichtigsten Bücher zur Geschichte des Landes. Weitere wichtige Werke von Silvia Rivera Cusicanqui sind unter anderem *Die freiheitlichen Kunsthandwerker und die Arbeitsethik*[107], in Zusammenarbeit mit Zulema Lehm, über die orale Geschichte der anarchistischen Bewegung in La Paz; *Bircholas. Frauenarbeit, kapitalistische Ausbeutung und koloniale Unterdrückung unter den Migrant*innen in La Paz und El Alto* von 1996[108]; *Die Grenzen des Cocas: koloniale Epistemologien und alternative Kreisläufe des Cocas*[109]. Im Jahr 2010 wurden zudem ihre Arbeiten aus den 1990er Jahren im Sammelband *Die wieder/verdeckte Gewalt in Bolivien*[110] veröffentlicht. Neben diesen schriftlichen Arbeiten hat Rivera

---

106 Rivera Cusicanqui, Silvia: *Oprimidos pero no vencidos. luchas del campesinado aymara y qhechwa de Bolivia, 1900–1980.* Genf: United Nations Research Institute for Social Development 1986

107 Lehm, Zulma/ Rivera Cusicanqui, Silvia: *Los artesanos Libertarios y La Etica Del Trabajo.* La Paz: Granma 1988

108 Rivera Cusicanqui, Silvia: *Bircholas. trabajo de mujeres: explotación capitalista o opresión colonial entre las migrantes aymaras de La Paz y El Alto.* 2. Aufl. La Paz: Editorial Mama Huaco 2002

109 Rivera Cusicanqui, Silvia: *Las fronteras de la coca. epistemologías coloniales y circuitos alternativos de la hoja de coca.* La Paz: IDIS / UMSA / Ediciones Aruwiyiri 2003

110 Rivera Cusicanqui, Silvia: *Violencias (re)encubiertas en Bolivia.* La Paz: La Mirada Salvaje / Editorial Piedra Rora 2010

Cusicanqui mehrere Videos und Filme mit dokumentarischen und fiktiven Elementen veröffentlicht. Dazu gehören die Dokufiktion *Khunuskiw. Erinnerungen an die Abstammung* (La Paz, 1993), der fiktive Kurzfilm *Traum im roten Zimmer* (La Paz, 2000), *Die Grenzen des Cocas* und *Rückzug aus den Yungas* (als Anhang zum gleichnamigen Buch) und *Reise zur Grenze im Süden* (Jakima Producciones, 2003) sowie in Zusammenarbeit mit Marco Arnez die Kurzfilme *Ende der Fiesta* und *Sumaj Qhaniri, Chuyma Manqharu* (Du, der den dunklen Boden des Herzens erleuchtest).

Die Herausgeber*innen

María Cárdenas ist Promotionsstudentin und Lehrbeauftragte am Fachbereich Sozial- und Kulturwissenschaften der Justus-Liebig-Universität Gießen. In ihrem Promotionsprojekt untersucht sie zusammen mit Aktivist*innen die Herausforderungen und Erfolge inter-ethnischer Kooperation im Kontext des kolumbianischen Friedensprozesses und *posacuerdo*. Sie ist seit 2012 Redakteurin der Zeitschrift *Wissenschaft&Frieden* und Mitglied vom *International Graduate Centre for the Study of Culture* (GCSC) sowie des Forschungsnetzwerkes *Queer Studies, Decolonial Feminisms and Cultural Transformations*. Ihre Forschungsinteressen sind: Konflikte, soziale Identitätskonstruktionen und Kooperation zwischen und innerhalb ethnisch definierter Gruppen, sozialer Widerstand in von Gewalt geprägten Kontexten, Kolumbien und Lateinamerika.

Sebastian Garbe ist wissenschaftlicher Mitarbeiter und Promotionsstudent am Fachbereich Sozial- und Kulturwissenschaften der Justus-Liebig-Universität Gießen. Er war Stipendiat des *International Graduate Centre for the Study of Culture* (GCSC) und ist Mitglied des Forschungsnetzwerkes *Queer Studies, Decolonial Feminisms and Cultural Transformations*. Seine Forschungsschwerpunkte sind das Wechselverhältnis von Lateinamerika und Karibik zu Europa, post- und dekoloniale Theorie, Globalgeschichte, Wissenschaftsgeschichte mit Fokus auf Soziologie und Anthropologie sowie Protest- und soziale Bewegungen, speziell indigene Bewegungen, Internationalismus und globale Solidaritäten. Er ist aktiv in dem politisch-pädagogischen Projekt *frankfurt postkolonial*.

Andrea Sempertegui ist Promotionsstudentin und Lehrbeauftragte am Fachbereich Sozial- und Kulturwissenschaften der Justus-Liebig-Universität Gießen. Sie ist Mitglied vom *International Graduate Centre for the Study of Culture* (GCSC) am Forschungsnetzwerk *Queer Studies, Decolonial Feminisms and Cultural Transformations*. Ihre Forschungsinteressen beziehen sich auf indigene Politik, territoriale Kämpfe, Extraktivismus, postkoloniales und dekoloniales Denken und populäre feministische Bewegungen in Lateinamerika.

Luz Kerkeling

La Lucha sigue – Der Kampf geht weiter

Ursachen und Entwicklungen des zapatistischen Aufstands

3. erw. und akt. Auflage.
334 Seiten | 18.00 Euro
ISBN 3-89771-026-9

Die Selbstorganisation der marginalisierten Indígena- und Landbevölkerung leitete in Mexiko das Ende der längsten Einparteiendiktatur der Welt ein, doch nicht nur in Lateinamerika inspirierte das »Ya Basta!« der Zapatistas die Menschen, sich fernab von Klientel- und Parteipolitik selbstbewusst und -bestimmt als Subjekte gegen Ausbeutungs- und Unterdrückungsmechanismen zu erheben.

Luz Kerkeling

¡RESISTENCIA!

Umweltzerstörung, Marginalisierung und indigener Widerstand in Südmexiko

576 Seiten | 26,80 Euro
ISBN 978-3-89771-038-2

Die Konsequenzen der aktuellen gesellschaftlichen Entwicklungen im Kontext neoliberaler und militaristischer Politik aus der Perspektive der indigenen Widerstandsbewegungen in den südmexikanischen Bundesstaaten Chiapas, Oaxaca und Guerrero.